Bibliothek César Aira

Band 12

Aus dem Spanischen
von Christian Hansen

César Aira

Weltflucht und andere Essays

Matthes & Seitz Berlin

Weltflucht

Ich beginne, um von ferne und seitlich zu beginnen, bei einer kürzlichen Lektüre, einer jener fesselnden und reich belohnenden Romanreisen, die Aushängeschild und Losungswort für die Lektüre als kindliche Beschäftigung der Erwachsenen sind … und zugleich etwas mehr als Lektüre. Es handelte sich um *The Black Arrow* von Stevenson. Der Roman, 1888 erschienen, nach *The Treasure Island* und vor einigen weiteren schottischen Meisterwerken wie *Catriona* oder *The Master of Ballantrae*, war im Kielwasser der *Schatzinsel* entstanden und perfektioniert die mit diesem Roman eingeläutete ungewöhnliche Revolution: Literatur für die Jugend mit der Thematik und dem Rhythmus von Mantel-und-Degen-Schmökern, aber im Format kunstvoll raffinierter Romane. Selbst wenn *Der schwarze Pfeil* bei der treuen Stevenson-Leserschaft nicht unter den Top Ten rangiert, selbst wenn man ihn gewöhnlich, und durchaus nicht ohne Grund, als »historischen Roman« einzustufen pflegt, bilden die Abenteuer des jungen Dick Shelton im Rosenkrieg eine Lektüre, von der man schwerlich mehr verlangen könnte, die Quintessenz des Lesevergnügens … Und zugleich, wie gesagt, etwas mehr als Lektüre. Hier gibt es ein Paradox, das hochwillkommen und ziemlich offensichtlich ist: Um ihrer anspruchsvollsten Definition gerecht zu werden und ihre größte Wirksamkeit zu entfalten, muss eine Romanlektüre etwas mehr sein als Lektüre oder etwas weniger. Sie muss das Lesen auf eine andere, eine sekundäre, automatisierte Ebene übergehen lassen, damit der Traum, den der Roman darstellt, Gestalt annimmt, und sei es auch geisterhafte Gestalt.

Diesen Traum darzustellen, war im zwanzigsten Jahrhundert auch das Kino angetreten. Und will man versuchen, sich den figurativen Mechanismus zu erklären, der den *Schwarzen Pfeil* vorantreibt, könnte man an eine Filmproduktion denken. In einem Roman wie diesem, einem Roman, der es erfolgreich darauf anlegt, uns in Abenteuer zu entführen, in seine jeweiligen Situationen zu versetzen und jenes »vorübergehende Aussetzen der Ungläubigkeit« zu erzielen, das Coleridge forderte, gibt es viele Bereiche, um die man sich kümmern muss: die Kostüme, die Bühnenbilder, das Drehbuch, die Personen, die Szenenfolge, die Beleuchtung, die Requisiten … Schlagen wir eine beliebige Stelle auf, zum Beispiel die, wo die vereitelte Hochzeit von Joanna mit Lord Shoreby geschildert wird, jenem viel älteren Bräutigam, den der infame Sir Daniel ihr aufgezwungen hat, während ihr Geliebter Dick, als Mönch verkleidet und von Sir Oliver halbherzig beschützt, der Zeremonie ohnmächtig beiwohnen muss:

Einige von Lord Shorebys Mannen bahnten jetzt eine Schneise durch das Mittelschiff, wobei sie das versammelte Volk mit Lanzenschäften zurückdrängten; in diesem Moment sah man außen vor dem Portal die über den verharschten Schnee heranziehenden weltlichen Musikanten, die Sackpfeifer und Trompeter mit ihren vom kräftigen Blasen geröteten Gesichtern und die Trommler und Beckenschläger, die dreinhauten, als gälte es eine Wette.

Als sie sich der Tür des Gotteshauses näherten, fächerten sie nach beiden Seiten auf und standen, ihrer ohrenbetäubenden Musik selbst den Takt gebend, stampfend im Schnee. Hinter und zwischen ihren so zum Spalier geöffneten Reihen erschienen nun die Anführer des vornehmen Brautzuges; und dieser bot eine solche Vielfalt und Festlichkeit, eine solche Prachtentfaltung an Samt und Seide, Pelzen und Atlas, Stickerei und Spitzen, dass sich der Zug auf dem Schnee wie ein Blumenbeet am Wegesrand oder wie ein buntbemaltes Fenster in einer kahlen Wand ausnahm.

Zuerst kam die Braut, ein trauriger Anblick; fahl wie der bleiche Winter hing sie an Sir Daniels Arm; als Brautjungfer war ihr die kleine junge Lady beigesellt, die sich in der vergangenen Nacht Dicks so freundlich angenommen hatte. Dicht dahinter folgte in der glänzendsten Garderobe und mit gichtigem Hinkefuß der Bräutigam, und als dieser über die Schwelle des Gotteshauses trat und seinen Hut abnahm, sah man, dass sein kahler Schädel vor Erregung glühte.

Und dann schlug die Stunde von Ellis Duckworth.

Dick, der von widerstreitenden Gefühlen wie gelähmt dasaß und das Pult vor ihm mit den Händen umklammerte, bemerkte, dass die Menge in Bewegung geriet, dass die Leute zurückwichen und sich Arme und Blicke nach oben richteten. Als er ihnen mit den Augen folgte, gewahrte er drei oder vier Männer mit gespannten Bögen, die sich von der Galerie des Hauptschiffes herunterbeugten. Im selben Augenblick ließen sie schon ihre Sehnen schnellen, und noch ehe der Lärm und die Schreie der verstörten Menge in den Ohren zu voller Lautstärke anschwollen, waren sie von ihrem Hochsitz davongehuscht und verschwunden.

Das Kirchenschiff stand voller verstörter Menschen und hallte wider von ihrem Geschrei. Die Geistlichen drängten erschrocken von den Plätzen; die Musik schwieg, und obwohl die Glocken noch einige Sekunden lang oben in den Lüften weiterschlugen, schien ein Hauch des Unheils seinen Weg sogar bis in den Glockenturm gefunden zu haben, wo die Glöckner ihre Seile zogen, sodass auch sie ihre heiteren Mühen einstellten.

Genau in der Mitte des Kirchenschiffes lag, von zwei schwarzen Pfeilen durchbohrt, der Bräutigam. Die Braut war in Ohnmacht gesunken. Sir Daniel stand, die Menge überragend, bestürzt und grimmig da. In seinem linken Unterarm zitterte ein langer gefiederter Pfeil, und sein Gesicht war blutüberströmt, da ein zweiter Pfeil seine Stirn gestreift hatte.

Ehe überhaupt nach ihnen gesucht werden konnte, waren die Urheber dieser tragischen Unterbrechung längst eine Wendeltreppe hinuntergestürmt und durch eine Hintertür entkommen.

Dick und Lawless saßen indessen immer noch als Geiseln da. Sie waren beim ersten Lärm aufgesprungen und gaben sich tapfer alle Mühe, den Ausgang zu erreichen; aber wegen der Enge des Chorgestühls und des Getümmels der erschreckten Priester und Choristen war dieses Unterfangen fehlgeschlagen, und sie hatten mit stoischen Mienen wieder Platz genommen.

Da aber erhob sich, schreckensbleich, Sir Oliver und rief Sir Daniel zu, mit einer Hand auf Dick weisend:

»Hier«, schrie er, »hier ist Richard Shelton, o unselige Stunde, der Urheber der Bluttat! Ergreift ihn! – Gebt Befehl, ihn zu ergreifen. Um unser aller Leben willen, nehmt und fesselt ihn! Er hat geschworen, uns zu vernichten!«

Ich stelle fest, dass meine Übersetzung nur eine ansatzweise Vorstellung von der schwindelerregenden Genauigkeit geben kann, mit der diese und alle übrigen Szenen des Romans ablaufen. Worauf ich aufmerksam machen wollte, ist die Art, wie die Schreibweise hier dreidimensional operiert: Das Kirchenschiff wird in seiner ganzen Länge genutzt, seine Ein- und Ausgänge, die angrenzenden Räume, das Licht, die anwesenden Personen; dann die Choreografie der Bewegungen, und mit welch gut geölten Übergängen während der wenigen Sekunden, die alles dauert, von einem Bild zum nächsten gewechselt wird; wie die Farben, die Formen, die Musik, die Schreie (mit dem verzögerten Verklingen der Glocken in der plötzlichen Stille) sich verschränken und mit den Gefühlen, dem Schnee, den Fluchten sich verbinden … Das alles war Stevensons Werk; er allein hat die »Teamarbeit« geleistet, der sich dieses Ergebnis verdankt. Tonmeister, Beleuchter, Maskenbildner, Drehbuchautor, Kameramann, Regisseur, Produzent, Cutter. Wobei er darauf achten musste, diese Rollen nicht am Ende in einer zu verschmelzen, denn eine völlige Verschmelzung würde die Szene verkleistern, sie zu einem persönlichen Hirngespinst des Autors machen, sie jenen objektiven Schliff vermissen lassen, in dem seine beste Wirkung besteht. Dabei deckt sich seine Arbeit nicht exakt mit der, die jene Bürokraten der Inszenierung leisten würden, sondern ist ihre Repräsentation in der Literatur. Diese Arbeiten erfahren eine qualitative Veränderung, wenn ein Romancier sie ins Werk setzt, werden das, was der Arbeit vorausgeht, ihre Utopie als freies Spiel der Intelligenz, und bewahren zugleich die praktischen Beschränkungen und Schwierigkeiten der echten Arbeit. Sie sind eine echte Arbeit, weil die imaginären Konstruktionen der gleichen Logik gehorchen, die auch die realen Konstruktionen Realität werden lässt. In dem Maße, wie sich die zur Ausführung der Konstruktionen nötige Geschäftigkeit entfaltet, tritt die unvergleichliche Überlegenheit der Literatur über die anderen Künste zutage, die sie antizipiert und einschließt.

Es stimmt, dass so etwas wie eine unüberwindliche Leere bleibt: Es fehlt der materielle Klang, den die Musik besitzt, auch die Farben der Malerei, die Volumen der Bildhauerei, die bewegten Bilder des Films ... Aber der Roman nutzt diesen Mangel auf positive Weise als köstliche und schöpferische Nostalgie des Klangs und des Bildes ... und letzten Endes der Wirklichkeit, die das Substrat jeder Repräsentation ist. Als nicht assimilierbarer Rest erhalten geblieben ist im Roman das gesamte System der Künste, ihrer Geschichte, ihrer Archäologie, als Signifikant des Wirklichen unmittelbar vor seiner Entstehung oder Wiederkehr. Und wenn es wiederkehrt, bringt derselbe Impuls es zur Entfaltung, der dazu gedient hatte, es zu verbergen, wie in dem Lacan'schen Paradox: »Das Verdrängte und die Wiederkehr des Verdrängten sind dasselbe«. Die Wirklichkeit ist mit sich identisch, von welcher Seite der Repräsentation man sie auch betrachtet.

Und wenn wir uns einverstanden erklären mit Hegels Definition der Wirklichkeit als das, was wir zu denken gezwungen sind, müssten wir auch damit einverstanden sein, dass der Roman das ist, was unser Denken willentlich ausfüllt, als Beweis der Freiheit.

Indem das Kino die Geschehnisse arbeitsteilig behandelt, bleibt es außerhalb des verwunschenen Bezirks der Repräsentation. Die Objektivität ging einen Schritt zu weit und befand sich damit außerhalb der Subjektivität, aber diesen Schritt ging sie mit dem Rücken voran, mit Blick zurück auf das Gebiet, dem sie sich entzogen hatte und das kein anderes ist als das des Romans. Daher auch die *Auteur-Theorie*, die, obwohl erst spät formuliert, über die gesamte Kinogeschichte hinweg filmpolitisch bestimmend war. Das Gespenst der Schrift blieb den Filmen erhalten und hat sich gegen alle Austreibungsversuche behauptet. Schon in den 1910er Jahren schlug der nordamerikanische Dichter Vachel Lindsay eine Deutung des Kinos als »Hieroglyphensprache« vor, ein Begriff, der in Eisensteins Theorie der Montage zu seiner höchsten Entwicklung fand.

Vachel Lindsay war ein Wanderpoet, der zwischen 1880 und 1930 lebte und sich mit dem Vortragen seiner Gedichte über Wasser hielt, wofür er im Gegenzug kein Geld, sondern Unterkunft und Verpflegung verlangte (da die nicht immer zur Bezahlung reichten, musste er sie mit Putzen oder Be- und Entladearbeiten ergänzen). Mit fünfzig Jahren beging er Selbstmord, indem er eine Flasche Lysol trank. Im Jahr 1915 veröffentlichte er das Buch *The Art of the Moving Picture*, eine Pionierleistung der Filmtheorie. Kapitel XIII ist das mit den Hieroglyphen. Er vertritt den Standpunkt, dass das Wort in einer Kunst beweglicher Bilder wie dem Film fehl am Platz sei, da die Bilder genügen würden, eine Geschichte zu erzählen. Da es aber nötig sei, mit den Bildern zu schreiben, schlägt er den Gebrauch einer Bildersprache vor: die Hieroglyphen, von denen er eine sehr persönliche Vorstellung hatte. Achthundert, sagt er, würden ausreichen, und er empfiehlt, der Filmemacher solle sie auf Karton zeichnen und ausschneiden, dann in eine Reihenfolge bringen und dementsprechend die Handlung erschaffen. Er gibt Beispiele: Es gibt eine Hieroglyphe, die einen Thron zeigt. Sie kann eine Königin bezeichnen, und diese kann die von ihm bewunderte Mae West sein, in ihrer Eigenschaft als Schönheitskönigin, womit der Regisseur bereits den Star des Films sicher hat. Die nächste: eine Hand. Eine Hand kann eine Tür öffnen oder Gift in eine Tasse Tee träufeln. Es ergeben sich viele Möglichkeiten. Die dritte: eine Ente, die an Arkadien gemahnt. Die vierte: ein Sieb. Die fünfte: der Buchstabe N. (Hier beginnt die Sache Borges' chinesischem Alphabet zu ähneln.) Wenn die mit dieser Liste gebildete Geschichte nicht überzeugt, braucht man nur die achthundert Kärtchen mischen und neu auslegen.

Wie der ägyptische Schreiber bündelt der Montage-Künstler die Arbeit, die die Realität geschaffen hat, in Diagrammen; aber der Mythos von der Entstehung der Hieroglyphenschrift ist nur eine Episode, die den spannendsten Mythos widerspiegelt, den je eine Zivilisation erträumt hat: den Rückzug von Osiris ins Reich der Toten, wohin er nichts weniger als das Leben, das ganze Leben, mitnimmt. Niemandem ist nach den Ägyptern der vierten Dynastie jemals wieder etwas so Radikales eingefallen. Herodot lässt sich über das Thema nicht aus, weil die Priester ihn, wie er sagt, um Diskretion gebeten hätten. Die diagrammatische Figur, die diesen Mythos erzeugt, ein Terminus, der in sein Gegenteil migriert und das Ganze, das ihn einschließt, mitnimmt, ist die Repräsentation der Schrift oder der Sprache. Der zerstückelte Osiris wird von Isis in einer montageähnlichen Operation wieder zusammengefügt, aber schon vorher nimmt er mit seinem Rückzug ins Nichts unter Mitnahme des Ganzen die sprachliche Repräsentation vorweg, und nicht nur die der benennenden Rede, sondern die der Konstruktion mit ihrer Dreidimensionalität, ihren Lichtern und Schatten, Farben, Klängen, der Hierophanie des wirklichen Lebens. Osiris' Hinscheiden könnte durchaus als Ursprungsmythos des Romans dienen.

Vielleicht hatte Lezama Lima das geahnt, als er in den Pyramiden den Ausgangspunkt für die »kleine Bilderfibel«

erkannte, mit der die Geschichten montiert werden sollten. Ich zitiere: »Es war nötig, dass sich die Symbole der Pyramiden dem Volk nicht nur mit der feierlichen Arroganz von Steinmassen präsentierten, mit ihrem Anspruch ewigen Beharrens, sondern dass auch ihr Leitfaden geschaffen würde, ihre kleine Fibel, die vom Volk in den Momenten der Verunsicherung gelesen wurde, wenn es an seinem Schicksal verzweifelte, wenn am Schanktisch derselbe Rausch es dazu brachte, Fragen nach seinem Los, seinen Reisen, seinen Ernten oder seinen Beziehungen zur herrschenden Theokratie zu stellen. So kamen dann die Kartenspiele des Schicksals auf, die Symbole des Tarot, das tragbare Buch, das sich über jeder der vielen Fragestellungen des Menschen öffnet und schließt.«

Alles Vorherige sind letztlich bloß lose Abschweifungen, unerhebliche Abschweifungen, um gleichsam die Skizze einer konzeptuellen Landschaft zu erstellen, in der sich über eskapistische bzw. Weltfluchtliteratur sprechen lässt. Über das, was man früher so nannte. Jetzt nennt man sie gar nichts, weil es sie nicht mehr gibt. Eigentlich, glaube ich, hat es sie nie gegeben, außer als polemischen Kampfbegriff oder Schreckgespenst, trotzdem oder deswegen habe ich angefangen, sie zu vermissen (und sie sogar mit den mir zur Verfügung stehenden bescheidenen Mitteln eigens hervorzubringen versucht).

Aus einem abfälligen Wort (und ich glaube, mehr war es tatsächlich nicht: eine pejorative, haltlose Bezeichnung ohne konkreten Inhalt) wurde ein schmeichelhaftes; oder würde eines werden, wenn wir über diese Literatur und ihre Ehrenrettung nachdächten, was ich zu tun versuche. Es kommt vor im Leben, mag ihm die Zeit auch noch so wenig zusetzen, dass sich infolge veränderter Umstände die negativen Vorzeichen einer Qualität oder eines Makels verkehren.

Was würden wir angesichts des gegenwärtigen Romans, zumindest soweit ich ihn im Blick habe, nicht dafür geben, unseren alten Eskapismus zurückzubekommen. Die Romanautoren – in umso stärkerem Maße, je jünger sie sind oder je weiter die Zeit voranschreitet – finden immer weniger Grund, eine Weltflucht anzuzetteln, so viel bilden sie sich auf ihr Leben ein, so satt und zufrieden sind sie mit ihrem Schicksal und ihrem Platz im Leben. Wo ihnen die Gründe abhandenkommen, sich davonzustehlen, brauchen sie auch nicht länger den Raum dafür, und so bleibt ihnen nur die Zeit, die deprimierendste aller geistigen Kategorien. Sie können bloß noch von den glücklichen Wechselfällen ihrer Tage und, ach!, ihrer Nächte berichten, in einer linearen Erzählung, die heute das armselige Äquivalent dessen ist, was einst der Roman war.

Wir könnten uns fragen, wie es sein kann, dass ihre Leben mittlerweile so befriedigend sind, dass der Wunsch, davon zu erzählen, unwiderstehlich wird. Offensichtlich ist das Leben ja nicht für alle ein Zuckerschlecken; es gibt auch Arme, Kranke und Opfer von Katastrophen verschiedenster Art. Aber ausgerechnet jene, die mit ihren Leben nicht zufrieden sind, schreiben keine Romane, und mein Eindruck ist, dass sie auch keine lesen. Es scheint, als hätte sich ein Kreis der Selbstgefälligkeit geschlossen, und im Kreis lässt sich nicht fliehen.

Anders gesagt: Es gab einen historischen Prozess, der im letzten halben Jahrhundert nach und nach alle Probleme und Konflikte eines winzigen und ganz bestimmten Sektors der Gesellschaft beseitigt hat, welcher sich *ipso facto* fortan der Hervorbringung und dem Konsum von selbstbeweihräuchernden Romanen widmete. Das ist natürliche eine starke Vereinfachung, kann aber als Erklärungsmythos herhalten. Finanziell und psychoanalytisch gut versorgt, weit gereist und digital vernetzt, leben die Romanautoren märchenhafte Leben und schreiben trotzdem weiterhin Romane (und nicht Märchen, was ehrlicher wäre). Die Geschichte hat ihnen übel mitgespielt, als sie sie der Konflikte beraubte. Nicht einmal die Sexualität ist ihnen als Problem geblieben. Und als wäre eine besondere Heimtücke am Werk, hat die Literaturgeschichte das ihre dazu beigetragen, indem sie es sehr viel einfacher machte als früher, einen Roman zu schreiben.

Da sich ein Roman ohne Konflikte nicht schreiben lässt, müssen die neuen Romanautoren, die keine haben, sie erfinden. Es ist das Einzige, was sie nicht erfinden dürften, und das Einzige, was sie erfinden. Denn mit dem Erfinden des Konflikts blockieren sie die genuin romanhafte Erfindung, die imaginäre Maschinerie, das Unterseeboot von Kapitän Nemo oder den Wahnsinn eines Don Quijote, jene Dinge, die erfunden wurden, um dem Konflikt auszuweichen. Das heißt, der Welt zu entfliehen.

Den Preis dafür, dass man aller Probleme ledig ist, bezahlt man mit einem eintönigen Leben. Dennoch, und weil die der Zeit zugestandene Ausschließlichkeit nichts anderes mehr übrig lässt, werden diese Leben zum Thema, und ein Thema ist nicht das Beste, was einem Roman passieren kann, denn es zieht das gesamte Interesse auf sich und macht den eigentlichen Romankörper zu einem Füllwerk, das in dem Maße anschwillt, wie die durch das Thema vorgegebenen Punkte einer nach dem anderen abgearbeitet werden.

Die autobiografische Verlautbarung verleiht dem Thema eine alles vereinnahmende Dringlichkeit und schließt jenen Triumph der Sprache aus, der die *purple patches* waren. Heute wissen die Romanautoren nicht einmal mehr, was *purple patches* sind, zumindest wissen sie nicht, dass dieser – Horaz' *Brief an die Pisonen* entstammende – Begriff, *purpureus pannus* im Original, jene beschreibenden Passagen bezeichnet, die für einen kurzen oder langen Moment, manchmal nur für wenige Zeilen, die Handlung unterbrechen. Früher fehlten sie in keinem Roman und verliehen ihm seine Poesie, seinen Rhythmus, seine Atmosphäre. Man könnte fast sagen, dass sie das Wesentliche des Romans waren, sein Luxus, das, was die Mühe seiner Lektüre lohnte, selbst wenn der ungeduldige Leser sie übersprang. Denn das Entscheidende am *purple patch* ist weniger der *purple patch* an sich als vielmehr der Weg, der zu ihm hinführt und ihn an einem bestimmten Punkt notwendig macht. Wollte der Romancier alter Schule, dem seine Aufgabe und sein Selbstverständnis klar vor Augen standen, der wusste, was sich für ihn gehörte, eine beschreibende, poetische, landschaftsmalerische Passage, eine räumliche Lichtung im zeitlichen Fluss der Erzählung einfügen, musste er die Personen, die Aktion, den Plot in eine bestimmte Richtung lenken, damit man auf ganz natürliche Weise zum »Purpurlappen« gelangen konnte. Und es war diese Wegstrecke, diese Richtung, die dem Roman seinen Schwung und seine Fantasie verlieh.

Der Schwanengesang der *purple patches* waren möglicherweise die *Illuminationen* von Rimbaud. Manchmal habe ich mir einen Roman ausgemalt, dem es gelänge, Rimbauds zweiundvierzig Illuminationen als eingeschobene *purple patches* zu verwenden und dabei die Handlung ohne faule Tricks und unter Wahrung der althergebrachten Wahrscheinlichkeit von einer zur anderen zu führen. Das ähnelt einem Verfahren zur automatischen Romanerzeugung (so automatisch natürlich auch wieder nicht), wie ich es in den letzten dreißig Jahren schriftstellerisch umzusetzen unverantwortlich genug war. Unverantwortlich, aber nicht so dumm wie jene, die sie wörtlich genommen haben. Aber selbst wenn das Verfahren nur in der Theorie existierte und gar nicht praktiziert würde, ist sein Verdienst und Nutzen von unschätzbarem Wert: Es macht die Quelle der Geschichten objektiv; ohne das Verfahren oder ohne das, was es repräsentiert, ist die einzige Quelle, auf die man zurückgreifen kann, »das blöde Spiegelbild der Birne im Fenster«, wie ich das einmal genannt habe: die eigene stupide, armselige, mumifizierte Psychologie des philisterhaften und antiliterarischen Subjekts, von dem man dachte, dass die Literatur es doch eigentlich entthronen sollte.

Was kann man hinsichtlich dieses Subjekts anderes tun, als es zu fliehen. Die wiedererfundene Weltflucht kann dafür ein Vehikel sein, schneller als das Verfahren, bequemer und vielleicht auch von größerer Tragweite; die eskapistische Literatur, angewiesen auf die Konstruktion komplexer Mechanismen der Träumerei, musste von einem vielseitig begabten Handwerker geschaffen werden, der keine Zeit hatte, um sie mit dem Ausplaudern seiner persönlichen Miseren zu verplempern, diese sogar angesichts der vielfältigen Rollen aus dem Blick verlor, in denen er zu brillieren hatte, und der mit einem Satz, fast unbeabsichtigt, zu einer gesunden Objektivität gelangte.

Ich sagte schon, dass die Literaturgeschichte und die GESCHICHTE sogar Hand in Hand gearbeitet haben, um diese Missbildungen des Narzissmus hervorzubringen. Tatsächlich lief die Entwicklung des Romans der letzten hundert Jahre darauf hinaus, ihn von der traditionellen Logik des Leserinteresses unabhängig zu machen. Frei treibend, sich selbst überlassen, wandte sich das Interesse dem Autor zu. Das Ergebnis ist ein Roman, der angesichts des Risikos völliger Entleerung an seinem Schöpfer klebt und sich die Frage gefallen lassen muss, die man nun immer häufiger zu hören bekommt: Und was geht mich das an? Warum lese ich jetzt die Auflistung der Handlungen und Meinungen eines Unbekannten, dem nie das Geringste widerfahren ist? Aus Höflichkeit? Vergeude ich damit nicht meine Zeit? Die letztgenannte Frage trifft es am besten. Die Romane, die dem autobiografischen Umkreis verhaftet waren, sind aus reiner Zeit gemacht, denn das Ich, das sein Wesen verwirklicht, in der Welt allein zu sein, und nur noch mit sich selbst sprechen kann, ist reine Zeit. Der Raum bleibt ausgeklammert, seit das Volumen der Darstellung verloren ging: Es bleibt nur der Gesprächsfaden, der sich nicht anders als in Zeit bemisst.

Anders als im Fall von Stevenson kann ich hier kein Beispiel geben, denn dann würde ich jemandem zu nahe treten.

Nehmen wir an, ich hätte dennoch eines gegeben, und wir würden uns darüber Gedanken machen. Das Erste, was wir feststellen, ist das Fehlen von Dichte, von Volumen. Jeder Satz informiert uns über etwas, aber die Information bringt uns nicht weiter, lässt uns nur etwas älter und müder zurück. Nehmen wir nur die erste Seite. Der Autor oder die Autorin spricht in der ersten Person und im Präsens von den Verheerungen des Alters bei dem Mann oder der Frau, die er oder sie liebt, und vom Zusammenbruch oder Vergessen der Ideale ihrer Jugend. Er oder sie hat das morgens nach dem Aufstehen beim Blick in den Badezimmerspiegel gedacht. Und beendet den Gedanken, während die Kaffeemaschine röchelt und der Blick durchs Fenster auf die rußverschmierte Wand des Nachbarhauses fällt. Und seufzt. Gähnt. Niest. Schaut auf die Uhr. Zieht die Nase hoch. Erinnert sich, dass ein Termin bei der Pediküre ansteht, trällert ein paar Zeilen aus einem Lied von Tom Waits und sagt sich, dass Tom Waits zwar nicht die lyrische Ader eines Lou Reed besitzt, seine Musik aber eindeutig mehr Tiefgang hat als die von Leonard Cohen. In der Zwischenzeit ist der Kaffee fertig, und er oder sie gießt sich eine Tasse ein und nimmt sie mit ins Wohnzimmer, um sie dort zu trinken. In diesem Moment klingelt das Telefon. Und so weiter. Es geht um nichts anderes als um das, was die Zeit ausfüllt. Und setzt sich über zwei- oder dreihundert Seiten so fort. Im besten Fall. Denn es kann auch nur achtzig oder hundert Seiten so weitergehen und uns durch die äußere Erscheinung zu dem Glauben verleiten, die Lektüre könne sich lohnen.

Es ist interessant festzustellen, dass der »zeitliche Turn«, den die jüngste Entwicklung des Romans seit dem Aufgeben des räumlichen Konstruierens der Darstellung genommen hat, zum Gebrauch des Präsens, des sogenannten »historischen Präsens«, in der Erzählung führt. Das ist nicht so widersprüchlich, wie man meinen könnte, da es der Modus ist, in dem Filme erzählt werden, die mittlerweile zuerst da sind und wie die unterschwellige allgemeine Erinnerung des Romanautors funktionieren: »Bill Farrel wird von einem Dinosaurier verfolgt und er flüchtet sich in eine Höhle und trifft auf einen Affen …« Es ist das sukzessiv-akkumulative Präsens des Films, in dem die Arbeitsteilung bereits von der Produktion Besitz ergriffen hat und das Subjekt einem Müßiggang überlassen ist, der den des Schriftstellers, dem die Geschichte nichts mehr abverlangt, verdoppelt, ergänzt und repräsentiert, womit sich der Kreis schließt.

Es wäre nebenbei gesagt lohnend, einmal diesen zeitlichen Modus der Erzählung von Filmen mit dem zu vergleichen, der für Träume benutzt wird, die das Imperfekt bevorzugen. »Ich befand mich in den Ruinen eines Hauses, mir erschien mein Großvater, er drückte mir ein Buch von Paulo Coelho in die Hand …« Hier gibt es eine ebenfalls akkumulative Abfolge, aber von Dauerndem: Wenn ich mich in der Ruine eines Hauses »befand«, dann war ich es auch noch, als mir mein Großvater »erschien«, dessen Erscheinung andauerte, als er mir ein Buch gab ... Die Gegenwart des Films ist eine Verkettung von Ersetzungen. Der Unterschied wird durch das Subjekt markiert: Bill Farrell, der Dinosaurier, der Affe folgen aufeinander, ohne mehr Spuren zu hinterlassen als die Handlung, die sie bewegt, während das »Ich« des Traums andauert wie die Uhrzeit, wenn man von West nach Ost reist.

Die intuitiven Erzähltechniken von Traum und Film sind *Ersatz* oder Vereinfachungen einer Erzählung, die ihre eigene Erfindung schon assimiliert hat, die Erfindung, die der Roman stattdessen in Szene setzte. Wenn es etwas gibt, das noch melancholischer ist als eine erste Person, die gegen die Mutationen des Abenteuers immun ist und in ihrem Wesen als Subjekt verharrt, dann ein Bild, das nur dazu dient, ersetzt zu werden, in einem unablässigen Blinzeln von Gegenwart.

Die Weltfluchliteratur ist tot. Man flieht vor nichts, weil es nichts gibt, um davor zu fliehen. Im Gegenteil, der heutige Roman ist ein Roman der Approximation. Das Proxidin hat gewonnen, die Droge, die alle Dinge sich selbst annähert. Ein verschärftes Selbstwertgefühl untergräbt die Arbeitsmoral, wo doch die Arbeit das war, was den Roman rechtfertigte, der nicht nur die Erzählung einer Geschichte, sondern der Aufbau des Bühnenbildes einer Geschichte war. Dieser Roman, für den ich als Beispiel *The Black Arrow* angeführt habe, war eine Art Modellbau mit Federwerken, Seilzügen, Vorhängen, die sich hoben und senkten, Automaten mit eingebautem Sprach-Chip. Die Bühnenbilderzählung bedeutete Arbeit, eine Kunstfertigkeit, die mit Arbeit verbunden war: Man konnte nicht einfach loslegen und irgendwas erzählen.

Bemerkenswerterweise bedient man sich, wenn von der Arbeit des Romanautors die Rede ist – genauer gesagt, von der Arbeit eines Romanautors, der weiß, was er tut, mit anderen Worten: der seine Sache gut macht –, immer räumlicher Begriffe. Zum Beispiel Truman Capote in einem Interview für *The Paris Review*: »Das einzige Mittel, das ich kenne, ist die Arbeit. Die literarische Schöpfung besitzt Gesetze der Perspektive, von Licht und Schatten ... Wenn einer sie von Natur aus beherrscht, perfekt. Wenn nicht, muss er sie erlernen und sich zum eigenen Nutzen erarbeiten.«

Weil mit Arbeit verbunden, musste die Geschichte besonders gut sein; das verlangte ein rudimentärer Sinn für das Haushalten mit den eigenen Kräften, ein fast biologischer Sinn: Über dem Erlernen eines so schwierigen Amtes und der Konstruktion so komplexer Maschinerien rann dem Romanautor das Leben durch die Finger. Und dass die Geschichte gut sein musste, heißt nicht nur, dass sie geistreich, neuartig oder packend zu sein hatte, schon gar nicht, dass sie ewige Themen wie Macht, Liebe oder Nazismus behandelte, sondern dass sie den Raum und das Volumen besaß, um ihn mit allen Sinnen erfahren zu können. In dieser Forderung erschöpfte sich glücklicherweise die Beziehung zwischen der Person des Autors und seinem Werk. Heute nimmt diese Beziehung den gesamten Raum ein, trägt bisweilen exhibitionistische Züge, und die Arbeit ist verschwunden; hätte ihr Anspruch Bestand, würde sich die libidinöse Aufladung des Selbstwertgefühls in Luft auflösen. Heute entströmt der Roman direkt dem Autor, ohne die Vermittlung der Literatur zu durchlaufen; die Arbeit, die ihm Rückhalt gibt, ist nicht mehr die des Schreibens, sondern die der Publikation.

Schlussfolgerung: Es gab einmal einen Roman, der zum Träumen und Glauben einlud, dreidimensional, sich selbst genug und von innen erleuchtet, ein Roman, der einer Sache Vorschub leistete, die man »Weltflucht« nennen konnte. In der intensiven Räumlichkeit, die sein Gewebe schuf, rückten alle Dinge in weite Ferne. Wie in einem sich ausdehnenden Universum: ein elastischer Körper, der sich unendlich erweiterte und dessen Punkte sich voneinander lösten. Ein damit verbundener Effekt war, dass die Leser den Bezug zur Zeit verloren, weshalb ihm verleumderisch nachgesagt wurde, er diene dazu, die Zeit totzuschlagen oder zu vertreiben oder verstreichen zu lassen.

Dieser Roman war die vollkommen nutzlose, luxuriöse Frucht einer gewundenen literarischen Entwicklung und möglicherweise nicht dazu bestimmt, zu dauern, weil er von etwas so Prekärem wie einem empfindlichen historischen Gleichgewicht abhing, in dem die Leser noch genug Vertrauen in ihren Platz in der Gesellschaft besaßen, um sich den ästhetischen Genuss erlauben zu können, zu sich auf Distanz zu gehen, einfach so, um sich für einen Moment aus der Entfernung zu sehen, damit die Subjektivität nicht die gallertartige Masse zusammengeleimter Kontiguitäten wäre, zu der sie dann geworden ist. Außerdem konnte sie nicht jeder schreiben: Das Gefüge der Distanz zu erschaffen und aufrechtzuerhalten, erforderte eine lange Lernphase und ein technisches Raffinement, eine – armselig vergütete – Präzisionsschmiedekunst. Der Markt für Schundromane sowie eine in Akkordarbeit produzierte billige Unterhaltung waren in einer bestimmten gesellschaftlichen Situation der Nährboden für die Romanciers des neunzehnten Jahrhunderts und, in einem Grad dialektischer Überwindung, für Stevenson. Mit ihm übernahm die Literatur die Aufgabe der Weltflucht auf einem höheren Niveau. Aber schon dreißig Jahre nach seinem Tod wurde sein Vergessen prognostiziert. Chesterton antwortete auf die gegen ihn erhobene Kritik der »Auswendigkeit«, dieser Einwand sei nur abgeleitet von dem, was er »den Betrug der Inwendigkeit« nannte: also »die Ansicht, ein ernsthafter Romancier müsse sich auf das Innere des menschlichen Schädels beschränken«. Ja, Stevenson war ein Mann der Oberfläche, aber »das Psychologische ist nicht weniger psychologisch, weil es in Form von Handlung an die Oberfläche tritt. Als würde man sagen«, fährt Chesterton fort, »der filigrane Mechanismus einer Uhr existiere nur, wenn die Uhr stehen bleibt. Und ich glaube, jene Kritiker würden die Aktivität der Uhr, die ihre Zeigerchen im Kreis bewegt, als einen beleidigenden Beweis für befremdliches Gestikulieren ansehen.«

Beim Lesen dieser Zeilen von Chesterton muss ich daran denken, dass gute Literaturkritik einer gewissen Äußerlichkeit der Literatur beispringen kann. Ohne ein unverhohlenes Spiel klarer Trennungen und Schnitte neigt alles nah Benachbarte dazu, sich zu ähneln und verwechselt zu werden.

Entstanden war die schlechte Presse der Weltflucht – die nicht nur die einzige Presse war, sondern auch die einzige Existenz, die sie hatte –, als jemand behauptete, der Roman könne dazu dienen, im Leser ein Engagement für die gesellschaftlichen oder historischen Auseinandersetzungen des Augenblicks zu wecken. Ein emotionales Engagement, das die politische oder ethische Haltung klären oder vertiefen sollte, zu der man auf rationalem oder intellektuellem Wege durch die Lektüre der Tageszeitungen, der Philosophen oder ganz allgemein durch die Erfahrung gelangt war.

Der Appell an die Erfahrung geschah und geschieht in redundanter Form. Der Realismus – oder die Allegorie, die der Realismus der Armen ist – trat seine langanhaltende Herrschaft an, indem er sich für das Wiedererkennen unverzichtbar machte, um dann von da aus die entsprechenden Schlussfolgerungen zu ziehen. Damit verriet die ernste Literatur ihre Zeitgenossenschaft mit der aufkommenden Massenkultur, deren beider Blütezeit weitgehend parallel erfolgte. Der Triumph der Populärkultur in seiner gegenwärtigen, medialen Form war der Triumph der Redundanz in Form von echohafter Wiederholung und Offensichtlichkeit. Der politisch und gesellschaftlich engagierte Roman beanspruchte, in der Erfahrung des Lesers nachzuhallen, seine Weltflucht zu verhindern und ihn in der Zirkularität der Selbsterkenntnis, der Bewusstwerdung einzuschließen. In dem, was Sartre die »Situation« nannte. Wenn in der hermetischen Sphäre der »Situation« eine Öffnung entstand, wurde sie umgehend gestopft, klassischerweise mit dem Finger: mit dem Finger eines Arbeiters, abgeschnitten von einer defekten Maschine in der Fabrik, in der er ausgebeutet wurde.

Manchmal funktioniert die Geschichte im Register des Märchens, so wenn der Arbeiter der wirklichen Welt in der Fabrik einen Finger verliert und dann Präsident wird. Aber es kann sich auch umgekehrt verhalten, wie in der wunderbaren Theater-Telenovela *Bizarra* von Rafael Spregelburd, dem großen Märchen der argentinischen Literatur, in dem alle Stereotypen der audiovisuellen Massenkultur gegen das Wiedererkennen gewendet werden. Da konnte auch die Episode des abgeschnittenen Fingers nicht fehlen, und tatsächlich verliert ihn die Protagonistin, Velita, eine überausgebeutete Kühlhausarbeiterin, in den rotierenden Messern einer Maschine. Oder vielmehr eine der beiden Protagonistinnen, denn das Werk, die zwölf Werke, die dieses Wunderjahr bilden, ist die Saga zweier bei der Geburt getrennter Zwillingsschwestern, Candela und Velita. Ihre Mutter hatte sie nach der Entbindung abgegeben: Candela an eine reiche Familie, Velita an eine arme, während sie selbst nach Schweden ging und als eine der Sängerinnen von ABBA Triumphe feierte. Kaum volljährig, läuft Candela von zu Hause fort, und eine Bande fürchterlich unfähiger Banditen versucht, ihre reichen Adoptiveltern glauben zu machen, sie hätte sie entführt, und fordert Lösegeld. Die Eltern verlangen ihrerseits einen Beweis, dass Candela noch am Leben ist, und die vorgetäuschten Entführer, die sie ja gar nicht in ihrer Gewalt haben, schicken ihnen den Finger, den die junge Kühlhausarbeiterin, also Velita, in der defekten Maschine verloren hat. Eine DNA-Analyse erweist den Finger als den von Candela, obwohl er es nicht ist: Die Zwillinge, die nicht wissen, dass sie Zwillinge sind, sich nicht kennen und nicht einmal etwas von der Existenz der jeweils anderen ahnen, teilen die gleiche genetische Ausstattung, nur an den entgegengesetzten Enden der sozialen Stufenleiter.

Die Konstruktion von *Bizarra*, wegen ihres Ursprungs im Theater eine kollektive Schöpfung, gewann im Buch jene Einheit »multifunktionaler Arbeit« zurück, die ich am Weltflucht-Roman beobachtet hatte. Die Räumlichkeit, das Bühnenbild, war schon durch das Theater vorgegeben, und innerhalb der Räumlichkeit der Zuschnitt der Figuren, zusätzlich betont durch die Duplizität von Schauspieler und Person. Als die Kritiker sich fragten, wo Stevensons Vorliebe für klar definierte Oberflächen ihren Ursprung hatte, entdeckten sie ihn im Scherenschnitt-Theater, das im Schottland seiner Kindheit weit verbreitet war. Im Zuge seiner Zurückweisung der abwegigen, von einem Kritiker behaupteten Nähe von Stevenson und Poe vergleicht Chesterton Poes Raben mit dem Papagei auf der Schulter von Long John Silver in *Die Schatzinsel*. Der Rabe ist ein Stück Nacht in der Nacht, ein Fleck Dunkelheit, der mit der Vorahnung und dem Entsetzen verschwimmt. Dagegen behält der Papagei mit seinem grellbunten Gefieder und witzigen Geplapper seine klar umrissene, nicht zu verbergende Kontur vor dem Meereshintergrund aus beißendem Licht, aus Glas. Raffiniert bis zur Anschmiegsamkeit an die komplexesten Verzweigungen der Einbildungskraft, bleibt die Konstruktion des Theaters das Modell für die Konturierung der Figuren und ihrer Verortung in einer Szenerie, die ihrerseits im Licht, im Klang und in den wechselnden Perspektiven ihre Kontur erhält.

Letztlich ist die Oberfläche der gangbarste Weg für eine gute Flucht, und es sind Oberflächen, mit denen sich bewohnbare Räume konstruieren lassen. Irgendwann jedoch, möchte man meinen, haben sich die Wasser geteilt, und die Weltflucht, die doch das Aushängeschild des Romans war, fiel in den Aufgabenbereich der schlechten Literatur. Die gute machte sich den Diskurs zueigen, nicht nur den, der dem Roman als Körper dient, jetzt ein linearer Körper ohne Volumen, sondern auch den, der ihn rechtfertigt, vor allem gegenüber dem Ungerechtfertigten und Willkürlichen des Weltflucht-Romans.

Von »engagierter Literatur« spricht heute niemand. Da wäre nichts, wofür man sich engagieren könnte. Aber der Mechanismus blieb erhalten, und der gute oder ernsthafte Roman klebte weiterhin an sich selbst, verweigerte sich der Weltflucht. Die Privatisierung der gesellschaftlichen Auseinandersetzung, ihre Internalisierung in Form von Psychologie, Autobiografie und Selbstbezüglichkeit, ließ als einziges verwendbares Werkzeug die Zeit übrig. Und da der Zeit niemand entrinnt und die Zeit vom Diskurs repräsentiert wird, ist die Konstruktion an ihr Ende gelangt, und wir stehen ohne gute Romane da.

Eine kurze Rede

Als Kind hütete ich sorgsam, was ich nicht verstand, was unerklärlich blieb, den seltenen Edelstein, der im trivialen, tauben Gestein des Einsichtigen und Bekannten glänzte. Ich war nicht der Einzige. Es gibt einen Instinkt, der Kinder zum Unerklärlichen hinzieht und, wie ich vermute, Teil ihrer natürlichen Ausstattung ist. Vielleicht wird den Kindern heute zu viel erklärt, man spornt sie an, alles zu verstehen, und gibt ihnen die Mittel an die Hand, ihre Fragen sofort zu beantworten. Diese Einstellung ist möglicherweise auch Teil eines gesellschaftlichen Evolutionsprozesses, der darauf abzielt, das Nachwachsen unproduktiver Träumer zu verhindern. Solche Schutzvorkehrungen gab es noch nicht zu der Zeit und in dem Ort, wo ich meine ersten Jahre verlebte: ein Städtchen mit einer Landbevölkerung, der es nicht im Traum eingefallen wäre, ihre Kinder anders zur Erkenntnis anzuspornen, als indem man sie zur Schule schickte und sie sich dort allein zurechtfinden ließ. Ich kann sagen, dass ich ungestört meinen Geheimnissen nachgehen durfte, die nicht weltbewegend waren. Auf mich zugeschnittene Geheimnisse, die ich niemandem anvertraute, aus Angst, man würde sie mir enthüllen und mich ihrer köstlichen Dunkelheit berauben. Ich erinnere mich, dass ich einmal in einer Zeitschrift auf eine Werbung für Seife stieß, von der behauptet wurde, neun von zehn Hollywoodstars würden sie benutzen. Ein Gefühl der Entrüstung überkam mich angesichts der Grausamkeit, mit der jene Werbetexter die arme Frau, die Nummer zehn, auf diese Weise bloßstellten, sie so öffentlich und zugleich so heimtückisch denunzierten. Es stimmt, ihr Name blieb ungenannt, aber die anderen neun Harpyien würden ihn schon kennen, das ganze sich gnadenlos das Maul zerreißende Hollywood nicht minder. Im Kino versuchte ich zu erraten, um welche der Schauspielerinnen es sich handelte, versuchte jenseits der Rolle, die sie darstellte, ihre wahre, rebellische Persönlichkeit zu erkennen. Mein Blick richtete sich auf die Nebendarstellerinnen, Statistinnen eingeschlossen: Die diskriminierende Ausgrenzung, die ihr durch die Schuld der vermaledeiten Seife widerfuhr, machte es wenig wahrscheinlich, dass man ihr Hauptrollen übertrug. Mein Mitleid für sie legte sich rasch. Ich dachte mir nämlich: Wenn sie die Charakterstärke besaß, sich dem Gebrauch der Seife zu verweigern, die alle anderen benutzten, wäre sie auch imstande, die Bosheit an sich abperlen zu lassen und zu besiegen, die jene trifft, die den Mut besitzen, anders zu sein als andere. Ich identifizierte mich mit ihr, der unbekannten, namenlosen, rebellischen Amazone. Auch ich glaubte, anders zu sein. Umgeben von Jungen, die verzweifelt nach Gewissheiten suchten, suchte ich nach Geheimnissen, die ihre Aufklärung schuldig blieben, war ein Connaisseur des Unbekannten. Viel später erfuhr ich, dass ich so originell nicht war. Ich las irgendwo, dass einer der Heroen meiner Jugend, John Cage, als Kind nur mochte, was er nicht verstand, und alles, was er verstand, als banal und eines intelligenten Kindes unwürdig verschmähte. So radikal war ich nicht, denn mir wurde bald klar, dass der Königsweg in die Ferne und zum Geheimnis über das führte, was ich zum Greifen nah hatte, das sich meinem Blick und Verständnis offen darbot. Auf meinen Expeditionen fand ich zu den Büchern, und die Lektüre wurde zu meiner Lieblingsbeschäftigung, seit damals und für immer, bis heute. Die Lektüre war und ist eine unerschöpfliche Begabung mit anderen Welten, doch wohnte ihr auch etwas Nostalgisches inne. Denn das emsige Lesen hatte unweigerlich zur Folge, dass ich mich in jene banale Person verwandelte, die der GEBILDETE MENSCH ist, der Mensch der Antworten, der in jedem Moment zu einem langweiligen Besserwisser mutieren kann. Die Bücher erhellten mir Fragen, die ich lieber in der Schwebe vielsagender Dunkelheit belassen hätte: Nach und nach verblassten die Rätsel; auch das ging nicht nur mir so. Ich erinnere mich, eine Dichterin einmal von der Traurigkeit sprechen gehört zu haben, die sie empfand, als das Wort »cartílago« (Knorpel) aufhörte, das zu sein, was es ihre ganze Kindheit über gewesen war: ein Ritter in stählerner Rüstung mit gezücktem Schwert auf einem steilen Felsvorsprung, um durch ihr gewachsenes Bescheidwissen zu einem Fußsoldaten des menschlichen und tierischen Gewebes degradiert zu werden. Ich war ein doppelter Leser, wobei ich mich frage, ob das nicht auf alle Leser zutrifft, ob die Dissoziation von Welten, in der die Lektüre besteht, nicht der Normalfall ist. Aber meine Verdopplung war besonders: Zum einen suchte ich die Distanz des Hermetischen, um neue Verblüffungen in mir freizusetzen: Surrealisten, Gongoristen, dunkle Philosophen, die für meine Ohren klangen wie dissonantes Stimmengewirr in Vogelsprache. Ich schreckte nicht einmal vor Büchern in Sprachen zurück, die ich kaum und schlecht beherrschte, um wieder den köstlichen Schauer des Unverständlichen zu spüren. Aber es gab auch den anderen Gesichtspunkt, wo die Distanzierung ihre Grenze in der Nähe oder Nachbarschaft einer massiven Identifikation mit dem Menschlich-Allzumenschlichen des alten Realismus fand. Die von Piraten, Musketieren und Schatzsuchern handelnden Romane fanden ihre Fortsetzung in Zola, in Dickens. Dort begegnete mir ein anderes Kaliber von Geheimnis, verfeinert, verwandelt, insofern es das Wirkliche verwandelte. Balzac war geheimnisvoller als Mallarmé, weil er mich auf das Geheimnis meiner selbst zurückwarf, auf meine Sehnsüchte, Ambitionen, Ängste. Das Dunkle verbarg sich im Hellen, man musste es aus den alltäglichen Ereignissen herausschälen, wie ein Missverständnis. Als darum die Lektüre im Schreiben kristallisierte, gab es ebenfalls eine nicht zu tilgende Duplizität. Der esoterische Avantgardismus, nach dem ich beim Hören von *Pierrot Lunaire* und Cecil Taylor getrachtet hatte, verharrte auf halbem Weg, eingefügt in das Alte, welches das ist, was man liest, während das Neue da ist, um geschrieben zu werden. Ich bewahrte das Alte aus Treue zur Lektüre. Aus Treue und Dankbarkeit, denn manche von uns haben ihr viel oder fast alles zu verdanken. Eines meiner Lieblingszitate ist ein Satz von Fontenelle: »Es gibt keinen Kummer, der einer Stunde der Lektüre standhielte«. Man muss tatsächlich nicht einmal Kummer haben, um die tröstende Kraft der Lektüre zu erfahren. Aber diese Stunde gibt es nicht umsonst, nicht einfach dadurch, dass man ein Buch aufschlägt. Man muss einen langen Lernprozess durchlaufen, um sie von weit her zu holen, aus den ersten Lektüren, als sie uns wie ein Wunder erschienen, um das neue Wunder einer Waffenruhe im ewigen Probleme-Bewältigen und

Ziele-Verfolgen zu bewirken, die das Erwachsenenleben ausmachen. Ich glaube, dass Fontenelle die hedonistische und absichtslose Lektüre im Auge hatte, ebenjene, der sich jeder gute Leser rühmt, auch wenn er lügt. Wer aus Lust am Lesen liest, muss den Gesetzen der Lust gehorchen, deren erstes und einziges das Gesetz der Freiheit ist. Freiheit von den Konditionierungen, in die man die Lektüre einschließt, von ihren Nutzanwendungen: bilden, informieren, den Geschmack verfeinern, zum Denken anregen. Die Lust am Lesen kann in einem glücklichen Nihilismus all das getrost beiseitelassen. Nun ist aber der Nihilismus ein Weg ohne Wiederkehr, und die Freiheit, die man der Lust zugesteht, kann unvorgesehene Verläufe nehmen. Jemand kann so blasphemische Dinge tun, wie die Lust an Shakespeare, Kafka, Henry James verlieren und sich der Lektüre von Kriminalromanen zuwenden. Dergleichen ist weniger unüblich, als man zugeben mag (wie ich bestätigen kann). Und es kommt nicht von ungefähr, dass in diesem Fall Kriminalromane die Lektüre der Wahl sind. Wer sein Leben damit zugebracht hat, die Klassiker zu lesen, die alten wie die modernen, der hat im Zeichen des Wiederlesens gelebt, das unabhängig davon, ob man es tut oder nicht, jeder guten Literatur inhärent ist. Es gibt eine Verdopplung der Zeit in der Lektüre, die Notwendigkeit eines zweiten Standpunkts für das Etablieren der Perspektive und das Fällen des Werturteils. Der

Kriminalroman ist schlechthin das, was nicht wiedergelesen wird, er fungiert als sein eigener Spoiler, und seine Leser entledigen sich jener zeitlichen Duplizität, wie sie für die Klassiker konstitutiv ist. Aber auch ohne die Perspektive, die ihm das Wiederlesen verleiht, ist das Werturteil unvermeidlich. Noch von der am wenigsten prätentiösen Lektüre verlangen wir Qualität; verlangen sie von ihr sogar mehr als von anderen, weil sie nicht von vornherein ein Gütesiegel trägt. So leidenschaftlich gern ich Kriminalromane lese, so dankbar ich für das geballte Vergessen bin, das sie mir bescheren, beurteile ich sie doch mit aller Strenge. Agatha Christie finde ich langweilig, Margery Allingham bewundere ich rückhaltlos, doch bedauere ich ihren gelegentlich forciert moralischen Ton. Dorothy Parker gegenüber befinde ich mich in einem Loyalitätskonflikt: Ich verstehe nicht, warum Borges nicht müde wurde, schlecht von ihr zu sprechen. Edmund Crispin strengt sich zu wenig an, John Dickson Carr zu sehr. Simenon fällt in die Kategorie Genie, hat aber das Manko, nicht das Pseudonym eines Oxfordprofessors zu sein. Und wenn mir etwas zu sehr gefällt, wie es mir kürzlich mit Lee Child passiert ist, muss ich mich streng fragen: Ist er wirklich so gut, wie er mir zu sein scheint? Das Urteil muss spontan erfolgen, aus dem Stegreif, mit der gleichen Spannung, derselben schroffen Entschiedenheit, um die es im Text geht. Jedenfalls kommt man um eine Einschätzung des literarischen Wertes nicht herum. Noch im Sog der irreführenden Labyrinthe des Verbrechens, wenn das Einzige, worauf es mir ankommt, die Frage ist, wer von den Verdächtigen sich als der Mörder entpuppt, kommt es mir immer noch darauf an, ob es gute Literatur ist oder nicht. Es mag unangemessen scheinen, von einem Lesestoff Qualität zu verlangen, der – hat man sich seines bildungsbürgerlichen Dünkels erst einmal entledigt – dem reinen Vergnügen dient, und doch ist es unmöglich, sie ihm nicht abzuverlangen. Bücher sind nie einfach Bücher: Immer sind sie entweder gut oder schlecht oder irgendetwas in dem weiten Feld dazwischen. Literatur gleich welchen Genres und Formats ist dazu da, beurteilt zu werden. Qualität ist keine zusätzliche Farbe, die man aufträgt, wenn sämtliches Material bereits seine Ordnung gefunden hat, sondern eines ihrer konstitutiven Elemente, die eigentliche Handlung des Textes, jenseits der vordergründigen. Mehr noch als ein konstitutives Element, ist sie meines Erachtens der generative Faktor; wenn sie nichts Ausgezeichnetes verheißt, lohnt es nicht, mit der Lektüre überhaupt anzufangen. Das hat mich auf den Gedanken gebracht, dass in der Literatur Qualität immer schon antizipiert wird; anders könnte es auch gar nicht sein bei einer Tätigkeit, die für die Gesellschaft keine Funktion erfüllt, durch die sie gerechtfertigt wäre; wenn sie, um zu existieren, gut zu sein hat, müssen die Mittel, es sein zu können, zu ihren Voraussetzungen gehören. Ich habe dazu eine Theorie, von der ich nicht annehme, dass jemand ihr beipflichten wird, aber dem Konsens laufe ich schon lange nicht mehr hinterher. Darauf gebracht hat mich ein altes Buch einer argentinischen Psychoanalytikerin, Isabel Luzuriaga, die behauptet, die Intelligenz könne sich gegen sich selbst richten und sich von innen heraus sabotieren. Die Autorin war eine Spezialistin für Kinder mit Lernschwierigkeiten und hatte bei ihren kleinen Patienten eine paradoxe Situation beobachtet. Das kognitive Vermögen von Kindern ist auf natürliche, geradezu biologische Weise dazu prädestiniert und vorbereitet, Wissen zu erwerben. Kinder lernen, ohne es sich eigens vorzunehmen, es fällt ihnen schwer, Kenntnisse abzuweisen, die ihnen zufliegen. Weshalb ein Kind, das nicht lernt, eine besondere Anstrengung aufbringen muss, Kenntnisse nicht zu verinnerlichen, es muss eine höhere Intelligenz beweisen als das lernwillige Kind, um abzuwehren, was seine physische und geistige Verfassung ihm unwiderstehlich offeriert. Der Grund, warum es das tut, liegt in Traumata und Blockierungen, welche die Analytikerin untersucht und die man hinterfragen kann, aber der Mechanismus als solcher scheint mir sehr plausibel. So sehr, dass man ihn auf andere Gebiete übertragen könnte, und für Übertragungen dieser Art ist die Literatur ein fruchtbares Feld. Man könnte sagen, dass der Schriftsteller eine natürliche Prädisposition mitbringt, gut zu schreiben, weil sein Beruf, die Literatur, der Qualität bedarf, um zu existieren; die Literatur erfüllt keinen anderen Zweck, als Vergnügen zu bereiten, und dieses Vergnügen ist mit dem Qualitätsurteil verbunden, das der Leser fällen wird, so wie vor ihm womöglich der Autor. Ohne sich besonders anzustrengen, indem er ganz automatisch dem anfänglichen Impuls nachgibt, wird der Schriftsteller folglich gut schreiben. Er wird etwas Gutes abliefern, wenn er sich nur der Literatur überlässt, den Mechanismen der Selbsterhaltung, über die die Literatur verfügt, um in einer Welt nicht unterzugehen, die ihrer nicht bedarf. In einer Welt, in der alles eine Funktion erfüllen muss, weiß die der eigenen Nutzlosigkeit bewusste Literatur, dass ihre einzige Überlebenschance darin besteht, Vergnügen und Bewunderung zu erzeugen. Daher sind die Verhältnisse so, dass alle, die sich ihr widmen, ihre Arbeit gut machen. Um dagegen schlecht zu schreiben, wird der Schriftsteller diese Mechanismen durchdringen müssen, um gegen sie anarbeiten zu können, und wenn er das tun will, muss er auf geradezu heroische Weise scharfsinnig und beharrlich sein. Aber in Kenntnis der für den Schriftsteller charakteristischen Indolenz, seiner Psychologie des geringsten Widerstands, darf es als sehr wahrscheinlich gelten, dass er weiter seiner natürlichen Neigung folgen und gut schreiben wird. Das ist der Grund, warum es so wenige schlechte Schriftsteller gibt und sie für so viel

Aufsehen sorgen, wo immer sie sich blicken lassen, was diese schwanenhaften, komischen Käuze selten tun, da sie Experten im Verbergen sind. Ich will hier keinen, nicht einmal einen ironischen Lobgesang auf den schlechten Schriftsteller anstimmen. In jedem Fall aber würde ich den nicht guten Schriftsteller verteidigen, angesichts der Tatsache, dass, wie im Fall der Hollywoodschauspielerinnen, neun von zehn Schriftstellern die gute Literatur anwenden, und eine Flut gut geschriebener Bücher unsere Buchhandlungen überschwemmt, und zwar so gründlich, dass sie einem die Lust am Lesen verleidet. Der Automatismus, gut zu schreiben, erzeugt eine Mutlosigkeit, die wir auf verschiedene Weise bekämpfen. Natürlich will niemand schlecht schreiben, weil es nicht gut angesehen ist, zudem mit übermenschlicher Anstrengung und schlechter Bezahlung verbunden wäre. Der andere, allgemein anerkannte Weg besteht darin, »besser« zu schreiben. Das machen wir Schriftsteller uns letzten Endes zur Aufgabe, und führen damit den Faktor Zeit in unsere Arbeit ein. Durch Erfahrung und Lernprozesse bringen wir Bewegung in die festgefahrene Situation des Guten und des Schlechten. Und komplettieren auf diese Weise die klassische Dualität von Leben und Werk. Deren Verhältnis fasste Felisberto Hernández mit dem melancholischen Humor des Uruguayers in einem Satz zusammen, der mich seit Jahren verfolgt: »Ich schreibe immer besser«, sagte er, »schade nur, dass es mir immer schlechter geht.« Ersteres war bloß programmatisch, Letzteres auf bedrückende Weise realistisch. Es ist schwer für einen Schriftsteller, objektiv zu sein, wenn es um das eigene Werk geht, weil seine Beurteilung nicht anders als mit dem gleichen Instrumentarium erfolgen muss, mit dem er es geschrieben hat. Wogegen es ziemlich vorhersehbar ist, dass man mit der Zeit besser schreibt, da es bei einer Tätigkeit, die man jahrelang ausübt, schwierig wäre, nicht eine gewisse, stetig wachsende Fertigkeit zu erlangen. Der Schriftsteller vermag aus allem zu lernen, denn die Literatur weiß sich noch die kleinsten Zwischenfälle der Lebenserfahrung zunutze zu machen, selbst die nicht erlebten. Und was noch wichtiger ist, das Lernen zahlt sich für ihn aus, denn es ist nie zu spät, noch etwas zu schreiben. Auch im Leben kann man dazulernen, man tut fast nichts anderes, aber der Lernprozess nützt nichts, weil die Gelegenheit, das Gelernte in die Praxis umzusetzen – eine Gelegenheit, die nichts anderes ist als die Jugend –, schon hinter ihm liegt. Die Objektivität, die dem Schriftsteller selten genug zur Seite steht, wenn er sein Werk beurteilen soll, wird ihm auf dem Silbertablett präsentiert, wenn es darum geht, das eigene Leben zu beurteilen. Felisberto hatte nachvollziehbare Gründe für die beiden Klauseln seiner Behauptung. Sein langes und langsames Erlernen der Schriftstellerei gipfelte in seinem Tod und in einem unvollendeten Meisterwerk.

Zum anderen erklären uns sein Leben als Straßenmusiker, seine Armut, seine Neurasthenie, seine fünf Ehefrauen in Folge, warum er gesagt hat, was er gesagt hat. Zwischen den Begriffen Leben und Werk besteht zudem eine kausale Verbindung, denn zu den Dingen, die das Leben beschwerlich machen, selbst für jene, die weder Straßenmusiker sind noch fünf Frauen gehabt haben, gehört namentlich das Bemühen, besser zu schreiben, welches unsere Existenz durch Unzufriedenheit, Zweifel und die Angst verdüstert, wir könnten auf dem Holzweg sein. Warum quälen wir uns so? Warum geben wir uns nicht mit dem schlichten Gut-Schreiben zufrieden, das uns ganz natürlich von der Hand geht? Die Leser wären mit dem zufrieden, was uns am leichtesten fällt. Sie wären nicht nur zufrieden, sie wüssten es sogar mehr zu schätzen, denn das Ergebnis fügte sich ein ins Paradigma des Erwartbaren und Gewohnten, und das ist, was sie lesen wollten, nicht die jedes Mal seltsameren Texte, die der Intensivierung entspringen, wie sie mit der Suche nach dem Besseren einhergeht. Auch die Kritiker dürften wir höchstwahrscheinlich nur verärgern, indem wir sie aus ihrer Routine reißen und ihnen Komplikationen bereiten. Wer befiehlt uns, besser schreiben zu wollen? Warum schreiben wir keine ganz normalen Romane wie alle anderen? Wir bringen Gott und die Welt gegen uns auf und halten dennoch an dieser Arbeit fest, die sich jedes Mal schwerer gestaltet und uns das Leben schwerer macht. Ich glaube, es gibt einen Grund, warum wir uns auf nicht zu rechtfertigende Weise so masochistisch verhalten. Das Leben wendet sich allmählich zum Schlechteren, die Fallstricke, die es uns legt, werden immer barocker, und wir bedürfen neuer und ausgefeilterer Fertigkeiten, um schreibend mit ihm Schritt zu halten. Es ist eine zunehmende Verpflichtung, die einen Teufelskreis erzeugt. Je mehr das Leben sich verschlechtert, desto mehr müssen wir tun, um es im Werk zu erlösen. Und je besser wir schreiben, desto schlechter geht es uns, denn über der Arbeit verpassen wir eine Gelegenheit nach der anderen zum Glücklichsein, und wie im Wettlauf zwischen Achill und der Schildkröte holt das Bessere das Schlechtere nie ein. Die Zeit ist die Kulisse, vor der diese Komödie zur Aufführung kommt. Es kann nicht verwundern, dass die Zeit, obwohl unter allen geistigen Kategorien die deprimierendste, im Zentrum des schriftstellerischen Interesses steht. Unsere Arbeit, die weder Kapital noch Arbeitskräfte erfordert, ist zeitintensiv, nicht nur wegen der Zeit, die das Schreiben in Anspruch nimmt, sondern weil die Zeit letztlich auf die eine oder andere Weise, das alles beherrschende Thema ist. Es nützt nichts, das zu bestreiten: Ihr Sieg steht von vornherein fest, denn jeder Kampf, den man gegen sie austrägt, trägt man in ihr aus. Als Borges sich an einer *Widerlegung der Zeit* versuchte, erklärte er sie schon im Titel des Essays für gescheitert, indem er ihr das Wörtchen

Neue voranstellte. Und nicht alle – oder vielmehr die allerwenigsten – besitzen Prousts Virtuosität im Umgang mit der Zeit, die er als müßiggängerischer Snob sein Leben lang vergeudet hatte, um sie in seinem Werk wiederzugewinnen, unversehrt und unverbraucht, ursprünglich wie ein Diamant, in dem sich sämtliche Farben und Aromen jener Jahre brachen, in denen man von nichts Ahnung hatte und die Welt eine Schatztruhe ungelöster Rätsel war. Als der Protagonist seines Romans in aller Unschuld eine Gräfin mit den Worten beleidigt, ihr Haus sei so schön wie eine alte Bahnstation, wusste er nicht, weil ein Kind derlei nicht wissen kann, dass der von ihm angestellte Vergleich unpassend war, und nichts einer Gräfin weniger gefallen konnte, als dass ihr Haus an einen alten Provinzbahnhof erinnern sollte. Aber damit hinterließ er einen Hinweis für später, wenn er es wissen würde, wie Kinder auf dem Weg durch den Wald Steinchen streuen, um sich auf dem Rückweg in der Zeit zurechtzufinden, wenn er darüber schriebe, so weit ihn jener Zug auch in die Nacht davongetragen haben mochte. Im Gegensatz zu Proust und seiner Strategie in Sachen Zeit schrieb Dr. Johnson in seiner Jugend und hörte damit auf, als ihm eine vom König gewährte Pension zuteilwurde. Er sagte den berühmten Satz: »Wer aus einem anderen Grund als des Geldes wegen schreibt, ist ein Idiot.« Fortan konzentrierte er sich darauf, seine Zeit in Kneipen und im Salon von Mrs. Thrale zu vergeuden, umringt von einem erlesenen Publikum, das alles registrierte, was er sagte, ohne es zu wagen, ihm zu widersprechen, so exzentrisch seine Behauptungen immer sein mochten. Wenn wir Boswell glauben dürfen, lautete eine seiner radikalsten Thesen, dass alles, womit sich der Mensch im Laufe seines Lebens beschäftigt – Krieg, Liebe, Arbeit, Vergnügungen –, nur getan wird, um die Zeit auszufüllen, aus keinem anderen Grund. Aber die damit ausgeschlossenen Gründe sind genau all die Beweggründe, deretwegen wir etwas tun, und wenn wir Johnsons Ausschließung auf den Schriftsteller übertragen, erhalten wir den erhabenen Dandy, der sich aller traditionellen Beweggründe für seine Arbeit entledigt hat: soziales Engagement und Zeitgenossenschaft, Zeugnis ablegen von der eigenen Erfahrung, Kritik an den Missständen der Welt, sein Inneres eloquent nach außen kehren und der ganze übrige Plunder, der ihm seinen Seelenfrieden zeitlebens vergällt hat. Für ihn würde nur mehr eine Zeit existieren, die ohne seine Arbeit leer bliebe, eine Zeit, die man ausfüllen, besetzen muss, so wie man nach langer Belagerung die Stadt seiner Träume besetzt.

Raymond Roussel. Der Universalschlüssel

Ein weiteres Mal das berühmte »Verfahren« von Roussel zu erklären, ist vergeudete Zeit; so klar die Erklärung auch ausfallen mag, sie wird wieder ein Missverständnis bleiben. Roussel ist der Turm von Babel für alle, die ihn interpretieren, über ihn forschen. Irgendwie hat er es so einzurichten gewusst, dass alle verschiedene Sprachen sprechen. Jeder Artikel, der über ihn geschrieben wird, könnte den Titel tragen: »Die häufigsten Irrtümer, wenn von Roussel die Rede ist«. Der Preis dafür, dass man glaubt, ihn verstanden zu haben, ist der Glaube, jemand anderes, irgendein anderer, habe ihn falsch verstanden. Das ist durchaus verständlich, zumindest teilweise: Ein einmaliger Schriftsteller, der in keine der Kategorien passt, in die man die übrigen Schriftsteller einordnet, bleibt auch in der Rezeption einmalig, das heißt, er macht den Leser einmalig, der sich von allen anderen Lesern durch den Abgrund des Irrtums geschieden fühlt. Etwas Ähnliches geschieht, wenn der Dialog bereits nicht mehr zwischen Experten stattfindet, sondern zwischen dem, der weiß, der Leidenschaft und Lebenszeit auf die Lektüre von Roussel verwandt hat, und dem, der nicht weiß und wissen möchte: Die Entfernung zwischen beiden ist immens. Wir Rousselianer wissen zu viel über Roussel; es gibt zu viel um ihn herum konstruierte Gelehrsamkeit, und wir lesen das alles, inkorporieren alles in den Korpus, weil angesichts der Roussel und seinem Werk eigenen Welthaltigkeit alles relevant ist, eine Welthaltigkeit, die eben dieser Umstand bestätigt. Wer die Welt verstehen will, wird die Kategorie der Relevanz fallen lassen müssen, weil alles darunter fällt, und das ist es, was Welt ausmacht. »Der, der nicht weiß und wissen möchte«, will seinerseits eigentlich nichts über Roussel wissen, sondern über jene, die wissen: Warum weckt ein exzentrischer Kleinschriftsteller eine so anhaltende Leidenschaft bei seinen wenigen und exzentrischen Lesern, warum können sie sich nicht darauf einigen, worin seine Vorzüge liegen?

Und doch ist die Versuchung, ihn erneut erklären zu wollen, unwiderstehlich, vielleicht nicht nur aus psychologischen Gründen, sondern wegen einer seinem Werk inhärenten Eigenschaft, die nach einer Vervielfachung des Einmaligen im Missverständnis verlangt. Ihn erneut zu erklären, hat etwas von Laborversuch. Das Versuchsergebnis kann nur darin bestehen, einen weiteren Irrtum aufzudecken sowie, davon ausgehend, die interessante Eigenheit der Roussel betreffenden Irrtümer, keine Irrtümer zu sein.

Nun besteht einer der häufigsten Irrtümer, wenn von Roussel die Rede ist, darin, sein besonderes Verfahren mit dem Verfahren im Allgemeinen zu verwechseln. Ein Verfahren ist eine Methode, narrative Inhalte, Geschichten zu erzeugen. Es könnte auch welche geben, um Inhalte anderer Art zu generieren, poetische, wissenschaftliche und sogar philosophische; aber im Grunde werden es immer erzählerische sein. Eine solche Methode könnte darin bestehen, aufs Geratewohl Wörter aus dem Wörterbuch zu entnehmen oder aus dem Hut zu zaubern und damit eine Geschichte zu bestücken, die vom ersten Wort zum zweiten führt, vom zweiten zum dritten ... Wenn das erste Wort, das aus dem Zylinder auftaucht, »Löffel« ist, das zweite »Quecksilber«, das dritte »Bakterie«, könnte die Geschichte von einer Silberbesteckgarnitur im Königspalast eines Landes handeln, dessen Hauptausfuhrgut Quecksilber ist, wo während eines Abendessens ein Löffel aus dieser Garnitur mit einer seltsamen Gravur auftaucht ... und aus dieser Gravur geht die Formel zur Erschaffung einer Bakterie hervor, die sich von Quecksilber ernähren und das Land in den Ruin stürzen würde ... Ich sauge mir ein beliebiges Beispiel aus den Fingern, das Roussels strahlender Erfindungen unwürdig ist, zugleich aber perfekt passt, insofern der Zufall, der diese Art von Konstruktionen regiert, die üblichen Kategorien der Urteilskraft neutralisiert. (Man muss sich daher nicht beeilen, denen zu widersprechen, die meinen, Roussel sei ein großer oder mittelmäßiger oder schlechter Schriftsteller.) Das Verfahren könnte auch ein anderes sein, aus Zeitschriften ausgeschnittene Bilder verwenden oder Titel von Zeitungsartikeln mischen. Es braucht nicht sehr kreativ oder raffiniert zu sein, es muss nur den Zweck erfüllen, den Zufall in den Dienst eines beliebigen sprachlichen Gebildes zu stellen, das die Anständigkeit des Schriftstellers (die Anständigkeit des guten Spielers, der nicht mogelt) später benutzen wird, um eine Geschichte zu erstellen. (Oder der doch mogelt, auch egal.) Wie man am vorigen Beispiel mit Löffel und Quecksilber sieht, liefert das Verfahren nicht die fix und fertige Geschichte, sondern die Bausteine, aus denen sie entsteht, und dieselben Bausteine können zur Herstellung unterschiedlicher Geschichten dienen, besserer oder schlechterer, je nachdem, wer das macht. Für Roussel stand fest: »So wie man mit Reimen gute oder schlechte Verse schmieden kann, lassen sich mit diesem Verfahren gute oder schlechte Bücher schreiben«.

Die Alternative zur Verwendung eines Verfahrens bestünde darin, Geschichten zu erfinden, wie man es seit jeher getan hat: mittels der Einbildungskraft oder der Erinnerung oder endloser Kombinationen von Einbildungskraft und Erinnerung in je unterschiedlichen Mischungsverhältnissen (und, müsste man ergänzen, von bewussten und unbewussten Wünschen, Ressentiments, Affinitäten, Antipathien, Ideologien und dem übrigen psychologischen Waffenarsenal). Wenn man es immer so gemacht hat und alle Meisterwerke der Literatur (außer denen von Roussel) so entstanden sind, warum daran etwas ändern? Schon die Tatsache, dass es das ist, was alle machen, und dass es immer so gemacht wurde, ist Grund genug, etwas Neues auszuprobieren. Mithilfe des Verfahrens befreit sich der Schriftsteller von seinen eigenen Erfindungen, die in gewisser Weise immer mehr oder weniger vorhersehbar sein werden, da sie seinen mentalen Automatismen, seiner Erinnerung, seiner Erfahrung entspringen, der ganzen psychologischen Misere, der gegenüber die kalte, leuchtende Maschinerie des Verfahrens wie etwas leuchtet, das endlich neu, seltsam, überraschend ist. Eine wirklich neue Erfindung werden unsere alten geistigen Prozesse niemals zustande bringen, in denen alles schon vorgegeben und vorgewusst ist. Nur der Zufall einer uns fremden Machination wird uns dieses Neue geben.

»Einer uns *halbwegs* fremden«. Denn das Verfahren gibt uns wie gesagt die einzelnen Teile des Puzzles, aber fertigstellen müssen wir es selbst. Ein Effekt dieser Fremdheit ist immerhin, dass, gut angewandt, das Verfahren eine Geschichte hervorbringt, bei der sich der Leser fragen wird:

Wie hat ihm so etwas einfallen können? Die Antwort verweist zurück auf die Erklärungen des Verfahrens, aber die Frage allein ist schon aufschlussreich. Sie will sagen, dass uns nur einfallen kann, was durch unsere Geschichte, unsere Mentalität, unser Milieu, unsere Epoche etc. vorgeprägt ist. Die Erzeugnisse, die das Verfahren liefert, sind dagegen frei von solchen Konditionierungen.

(Diese Überlegungen, scheint mir, würden einen zweitrangigen Einwand erlauben. Wenn das Verfahren uns zu einer Geschichte verhilft, die unserer beschränkten Erfindungsgabe verwehrt wäre ... versorgen uns dann nicht auch die wirklichen Ereignisse unseres Lebens, unserer Biografie, mit denselben Elementen, unabhängig von unserer Einbildungskraft oder Erfindungsgabe? Anders gefragt: ist das, was uns, unserer Familie, unserem Umfeld zugestoßen ist, nicht genauso objektiv wie der Zufall?)

Alles in allem können wir sagen, das von Roussel benutzte Verfahren war nur eines von vielen, die man hätte verwenden können. Es bestand im Finden und Fortentwickeln überraschender Sätze, die den Homonymen, Verballhornungen, Zweit- oder Drittbedeutungen und Wortspielen aller Art entsprangen, zu denen sich das Französische so gut eignet. Er nahm zum Beispiel irgendeinen vorfindlichen Satz, *demoiselle à prétendant* (Fräulein mit Verehrer), und unterzog ihn homophonen Variationen, die *demoiselle* (»Ramme«) *a reître* (»hat

Haudegen«) *en dents* (»aus Zähnen«) ergaben. Die Geschichte, die aus diesen drei Elementen entstand, war die einer modifizierten Ramme, die aus Zähnen ein Mosaik komponierte, das einen Haudegen darstellte. Um die Sache wahrscheinlich zu machen, keine losen Fäden zu lassen, musste er eine hochkomplizierte Maschinerie, mehrere Seitenhandlungen und die entsprechenden wissenschaftlichen Abschweifungen ersinnen, was zusammen rund dreißig dichte Seiten von *Locus Solus* in Anspruch nimmt. Es lohnt nicht, sich mit der Beschreibung des Verfahrens aufzuhalten; Roussel selbst gab sie in seinem testamentarischen Buch *Wie ich einige meiner Bücher geschrieben habe*. Es hätte genauso gut irgendein anderes Verfahren sein können. Seines war offenbar jenes, das ihm die fruchtbarsten Ergebnisse lieferte, vielleicht fand er auch nur kein anderes oder hatte kein Interesse, nach einem anderen zu suchen. Weshalb es ein Irrtum der Rousselforschung ist (und zwar der häufigste), sich in der Beschreibung des Verfahrens zu verbeißen und de facto die Interpretation und Beurteilung seines Werkes auf diese Beschreibung zu beschränken.

Und trotzdem ... An dieser Stelle beweist es sich, dass die Irrtümer, die in Zusammenhang mit Roussel begangen werden, die interessante Eigenschaft besitzen, ihre Irrtümlichkeit zu verlieren. Denn es gibt einen Punkt, an dem der Unterschied zwischen Allgemeinem und Besonderem verschwindet: Der einzige Schriftsteller, der ein Verfahren benutzt hat, um Geschichten zu generieren, war Raymond Roussel, und das einzige Verfahren, das je verwendet wurde, war seines. Sodass sich der Irrtum, allgemeines und besonderes Verfahren zu verwechseln, in den Irrtum verwandelt, beides zu unterscheiden.

Das Verfahren dient nur dazu, die Handlung zu generieren. Später, nachdem die Geschichte geschrieben ist, verschwindet das Verfahren in der Versenkung, ist für die Lektüre und die Interpretation des Werks ungefähr so relevant, wie ob der Autor zum Schreiben blaue oder schwarze Tinte verwendet hat oder irgendein anderes Detail, das völlig unerheblich ist, um den Text zu verstehen oder zu beurteilen, oder ihn zu genießen. In diesem Punkt irrt Foucault in seinem Buch über Roussel, wenn er sagt, dass dem, der das Französische und folglich die den Geschichten zugrunde liegenden Wortspiele nicht versteht, bei der Lektüre von Roussel etwas entgeht. Ich halte das für einen schweren Irrtum seinerseits. Das Verfahren ist ein Werkzeug des Autors (von Roussel, es gab keinen anderen), und den Leser betrifft das nicht. Eines, das ihn zu den merkwürdigsten Geschichten, den seltsamsten und überraschendsten Erfindungen befähigt hat, solchen, die ihm niemals eingefallen wären, wenn er auf seine eigene Erfindungsgabe vertraut hätte. Demnach ist es nicht nur möglich, Roussels Texte zu übersetzen, sondern sogar ratsam, und sie in Übersetzung zu lesen (zumindest seine Werke in Prosa, also die nach dem Verfahren angefertigten), ist die einzige Art, sie angemessen zu würdigen, denn indem man sie aus der Sprache befreit, in der sie entstanden sind, vollendet sich das Verbergen ihrer Genese.

Ein Biograf und Literaturforscher, Mark Ford, schreibt zu den *Eindrücken aus Afrika*: »Jede Episode ... ist eine ins Werk gesetzte linguistische Tüftelei«; und etwas weiter unten spricht er von den »narrativen Rätseln, die das Verfahren erzeugt«. Es ist der gleiche Irrtum, den fast alle Rousselianer begehen. Die Rätsel löst der Autor, nicht der Leser. Roussel hat sie gelöst, und das Ergebnis ihrer Lösung sind seine Romane, dem Leser dargeboten als reine Lektüre, als Lektüre von Jules-Verne-Romanen, nicht mehr und nicht weniger. Der unter Hermeneutikern weitverbreitete Irrtum beruht auf einer Verwechslung oder Kontamination der Rollen von Leser und Schriftsteller. Das Verfahren ist eines des Schreibens, nicht des Lesens, und seine ganze Effizienz offenbart sich der Lektüre durch einen reinen, infantilen Leser, dem nichts Schriftstellerisches anhaftet.

Von der Art war die Lektüre, die seinen Büchern zu Lebzeiten zuteilwurde. Die Enthüllung des Mechanismus ihrer Herstellung hatte er schriftlich hinterlassen, damit sie nach seinem Tod veröffentlicht würde. Bis dahin wusste niemand etwas von der Existenz des Verfahrens, und man ging gutgläubig davon aus, dass jene fantastischen Erfindungen seinem Hirn entsprangen. Was sie ja auch taten, denn das Verfahren ist bloß ein Werkzeug zum einmaligen Gebrauch, das nur in Roussels Händen funktionierte. Aber die Verblendung, die die Enthüllung des Verfahrens bewirkte, führte dazu, dass ihn niemand mehr mit der gebührenden Bewunderung, der richtigen Bewunderung des reinen Lesers, lesen konnte; das Wissen um die Erfindungsmaschinerie war dazwischen getreten.

Aber man müsste sich diese Bewunderung genauer anschauen. Für die Leser, die ihn zu seinen Lebzeiten gelesen haben, jene Leser, deren Anerkennung Roussel gesucht hatte (auf geradezu krankhafte Weise gesucht hatte) – was war sein Werk für sie? Das aus den zur Verfügung stehenden Daten zu erschließen, ist ein Exerzitium retrospektiver Lektüre, eine der vielen Exerzitien, zu der die Interpretation seiner Werke nötigt und die automatisch von der Lektüre zum Schreiben führen. Das würde erklären, warum so viel über Roussel geschrieben wird, und warum seine glühendsten Bewunderer Schriftsteller sind; die Leser im eigentlichen Sinne reagieren auf diese Begeisterung und auf sein Werk gewöhnlich völlig verblüfft. Roussel wollte es als ein Äquivalent zu seinen Lieblingsschriftstellern, Jules Verne, Pierre Loti, verstanden wissen. Für den Kundenkreis dieser Lektüren aber war das, was er ihnen anbot, ein wenig zu

»seltsam«, selbst in seinen narrativen Werken (den beiden Romanen und den beiden Theaterstücken), erst recht in seiner deskriptiven Lyrik, von den *Neuen Impressionen aus Afrika* und ihrem Spiel mit den verschachtelten Parenthesen ganz zu schweigen. Aber er wurde gelesen und bewundert, wenn auch nicht immer von denen, die er sich ausgesucht hätte; von den Surrealisten zum Beispiel, deren Lobeshymnen zu misstrauen er gute Gründe hatte, weil sie ihn in die Rubrik der Fundstücke interessanter, naiver oder verrückter Exzentriker vom Schlage Brisset steckten.

Unter den Zeugnissen, die von zeitgenössischen Roussel-Lektüren vor Enthüllung des Verfahrens überliefert sind (die von Montesquiou, Breton, Raymond Queneau und anderen), ist das scharfsinnigste das eines argentinischen Schriftstellers, José Bianco, erschienen in einem Artikel in der Literaturbeilage der Tageszeitung *La Nación* aus Buenos Aires im März 1934, ein Jahr vor dem Erscheinen von *Wie ich einige meiner Bücher geschrieben habe* (und wenige Monate nach Roussels Tod in Palermo, von dem Bianco damals offensichtlich keine Kenntnis hatte).

Natürlich steht Bianco staunend vor der Merkwürdigkeit dieses Werks, einer Merkwürdigkeit, die er einer vagen und dienstbaren Triebkraft zuschreibt, wie die Fantasie eine ist: »dem magischen Traum, der Roussels Fantasie ist«. Aber jene »unerschöpfliche Fantasie«, hinter der er die Existenz von etwas Verborgenem ahnt, sieht Bianco Roussel »mit der rigorosen Logik eines Schwachsinnigen« oder mit »der zermürbenden Pedanterie eines Ingenieurs« verwalten. Er unterstellt zwei Phasen: zunächst die schöpferische, onirische, kosmische Fantasie und dann eine strikte und kontrollierte Rationalität, um diese Fantasie zu kanalisieren. Er vergleicht ihn mit Daisy Ashford, der kindlichen Autorin von *The Young Visiters*, wegen der Logik, nach der Kinder verlangen, aber auch wegen der Willkürlichkeit ihrer Erfindungen. Er spricht von »gelehrten, faszinierenden Kinderspielen« und beschreibt das Personal seiner Romane als »eine reizvolle, infantile Komparserie«.

Dunkel ahnt Bianco, scharfsinniger Leser, der er ist, das verborgene Supplement im Werk Roussels, jenes Verfahren, das ein Jahr später ans Licht kommen sollte. »Es erfordert ein ungeheures Talent, um ein bisschen Genie erträglich zu machen«, sagt er in seinem Artikel. Von diesem »bisschen Genie« kann er nichts sagen, da es die Erfindung einer andersartigen Schaffensweise ist; das »ungeheure Talent« ist das Sichtbare, die entsetzliche Unermüdlichkeit des Kindes oder des Verrückten, seinen Kopf durchzusetzen.

Noch näher kommt Bianco dem Geheimnis in dieser Lobeshymne: »Jeder Schriftsteller wirkt unbedarft, wenn man ihn mit Roussel vergleicht, selbst Poes Versenkung ins Abgründige haftet etwas Monotones, Begrenztes an ...«

Letzteres trifft die Sache über die intendierte Bedeutung hinaus. Tatsächlich ist Poe ebenso wie jeder andere Schriftsteller durch sein persönliches kreatives Potenzial, seine Vorstellungskraft, seine Intelligenz limitiert. Indem Roussel einen von der Schrankenlosigkeit des Zufalls bewegten Mechanismus verwendet, kann er mit einer Weite ohne persönliche Grenzen operieren. (Das ahnte schon Raymond Queneau, auch er seiner Zeit voraus, als er 1933 sagte, »Roussel schafft Welten mit einer Kraft, einer Originalität, einer Inspiration, auf die bislang ausschließlich Gott Anspruch zu haben glaubte.«)

Bianco rückt Roussel in die Nähe zu Proust: »dieselbe müßige und großartige Willkür«. Jean Cocteau, der mit Roussel in einer Entzugsklinik zusammentraf, unterstreicht ebenfalls die Nähe zu Proust, allerdings wegen seiner physischen Erscheinung: Beide entstammten demselben Milieu, sagt er, Erziehung und Erfahrungen seien vergleichbar, sie bewegten sich in denselben Kreisen. Die Annäherung ist spannend; man würde meinen, sie hätten keine unterschiedlicheren literarischen Richtungen einschlagen können. Proust wählte die biografischen Grenzen seiner Erfahrung und seiner Empfindsamkeit und ließ sie von innen heraus explodieren; Roussel, der unpersönlichste und am wenigsten biografische unter den Schriftstellern, gelangte auf dem entgegengesetzten Weg zu derselben »müßigen und großartigen Willkür«.

Am nächsten aber kommt José Bianco dem Erraten des Verfahrens an der Stelle, wo er auf die Schwierigkeit eingeht, sich über Roussel zu äußern: »Über Roussel kann man unmöglich schreiben. Über der Literatur stehend, ist er über Kritik erhaben. Ich muss mich auf eine mühsam gestammelte Begeisterung beschränken, wie sie gewisse Damen vor Kunstwerken von sich geben, wenn sie keine triftigen Begründungen finden, ihre Bewunderung angemessen in Worte zu fassen«. Tatsächlich könnte nichts schwieriger sein, als einem ästhetischen Genuss Ausdruck zu verleihen, wenn dieser – mit Hegels von Breton paraphrasierten und auf Roussel gemünzten Worten – »bloß von der Art abhängt, wie die Einbildungskraft sich in Szene setzt, und dabei doch nichts anderes in Szene setzt als sich selbst«. Roussels Werk lässt diese Schwierigkeit unlösbar erscheinen, aber hier hilft es, noch einmal das Verfahren zu erklären, um sie zu umgehen.

Wir dürfen uns fragen, warum Roussel das Geheimnis seines Verfahrens gelüftet hat. Sollte er geahnt haben, dass es seine beste Schöpfung war, die Schöpfung seiner Schöpfungen, und zugleich das Einzige, was ihm den ersehnten Ruhm würde eintragen können, von dem er vielleicht schon ahnte, dass er ihn nicht von seinen Büchern erwarten durfte? Er lüftete es in dem Buch *Wie ich einige meiner Bücher geschrieben habe*, das er zur postumen Veröffentlichung vorbereitet hatte; es ist eine Zusammenstellung von jugendlichen Schriften,

Unveröffentlichtem, Romanskizzen. Ihnen vorangestellt die Enthüllung im eigentlichen Sinne, der einzige »normale« Text, den Roussel je geschrieben hat, seine »Suche nach der verlorenen Zeit«, eine psychologische, biografische Erzählung, frei von jedem Verfahren, jeder Methode. Vielleicht erklärt sich dieses postume Manöver aus der einfachen Tatsache, dass ein Geheimnis existierte, und das Pfund, mit dem ein Geheimnis wuchern kann, ist nun einmal seine Enthüllung. Nicht jeder Schriftsteller, oder keiner, hat ein Geheimnis, das so wie seines erschöpfend auf zwanzig Seiten gelüftet werden könnte. Ein Geheimnis, das, wie immer auch geahnt oder vermutet, aller Welt verborgen geblieben war.

Die Entscheidung segelte unter der Flagge moralischer oder beruflicher Verpflichtung: »Es ist, scheint mir, meine Pflicht, dieses Verfahren zu offenbaren, denn ich habe den Eindruck, dass künftige Schriftsteller es sich vielleicht fruchtbringend zunutze machen können«. Womit er eine Trennung vorschlägt zwischen seinem Verfahren, das anderen Schriftstellern nützlich sein könnte, und seinem Werk, das sich, obschon es dem Verfahren seine Entstehung verdankt, einmal geschrieben von diesem unabhängig macht und sich der Leserschaft als konventionelle Literatur anbietet. Die Zeit hat ihn auf schlagende Weise widerlegt, seine Annahme geradezu auf den Kopf gestellt. Nach dem zu urteilen, was über Roussel geschrieben wird, ist sein Werk heute das Verfahren, und was er zu Recht für sein Werk gehalten hatte (also die sichtbare Materie seiner Romane, die Gala der Unvergleichlichen, der Garten von Canterel und all die übrigen Erfindungen) ist zum bloßen Vehikel des Verfahrens herabgesunken. Das rousselsche Verfahren zum allgemeinen Gebrauch anzubieten, war nach Lage der Dinge nicht anders, als hätte Cervantes seinen Kollegen das »Verfahren« angetragen, über einen Leser von Ritterromanen zu schreiben, dem die Lektüre das Hirn verbrennt und der zu halluzinieren beginnt etc.

Der hauptsächliche Widerspruch bei Roussel besteht zwischen dem Verfahren und dem Werk. Aber das Werk reicht über diese Duplizität hinaus, denn die nach dem Verfahren geschriebenen Werke waren nur vier, und Roussel hatte drei weitere verfasst, von denen er erklärte, sie seien keinem speziellen Verfahren entsprungen; sie sind in Versen geschrieben, gereimt, und da er schrieb, das Verfahren sei »kurz gesagt mit dem Reim verwandt«, verwendete er, wenn er nicht das Verfahren benutzte, den ihm verwandten Reim. Anders gesagt: Prosa konnte er nur schreiben, wenn es ein dem Reim verwandtes Verfahren gab; für Verse, wo Reim (und Metrum) schon vorhanden waren, brauchte er es nicht.

Es ist nicht nur das Hilfsmittel des formalen Zufalls »Reim«, dessen er in diesen verfahrensfreien Büchern bedarf. Es gibt in ihnen einen strikten, generell mit der Beschreibung verbundenen Produktionsplan. Man begegnet hier einer leicht perversen (wäre Roussel nicht das genaue Gegenteil eines Avantgardisten, könnte man auch sagen: »avantgardistischen«) Absicht, die Diskrepanz ins Werk zu setzen. Denn der metrische und gereimte Vers wäre die letzte Form, die zu verwenden einem Schriftsteller einfiele, um eine detaillierte Beschreibung zuvor visuell dargestellter konkreter Lebewesen und Gegenstände zu geben.

Da wäre zunächst *La Doublure*, geschrieben in seiner frühen Jugend und im Wesentlichen eine (zweihundert Seiten lange) Beschreibung des Umzugs der »Schwellköpfe« beim Karneval von Nizza. Sodann *La Vue*, drei Langgedichte umfassend, die jedes mit mikroskopischer Genauigkeit Schwarz-Weiß-Fotografien oder Federzeichnungen beschreiben. Und schließlich sein letztes Buch, *Nouvelles Impressions d'Afrique*, dessen anfänglicher Plan, wie in *La Vue*, die Beschreibung von Bildern innerhalb winzig kleiner Gegenstände vorsah, und das am Ende zu einer Serie von assoziativen und vergleichenden Aufzählungen in einer mittels Parenthesen immer weiter verschachtelten Satzstruktur wurde (er bringt es auf zehn und mehr Parenthese-Ebenen). Ebenfalls in Versen, ebenfalls beschreibend, ist das frühe Gedicht *Mon âme*, in dem der beschreibende Ansatz dem Vorhaben untergeordnet ist, eine Metapher bis zur äußersten Konsequenz zu treiben. Die Metapher ist die von der Seele des Dichters als einer Bergwerksmine, aus der kostbare Metalle gefördert werden. Die

Ausarbeitung in Hunderten von Versen beschreibt bis in ermüdendste Einzelheiten die Arbeit in einer Mine.

Im Titel des testamentarischen Buches *Wie ich einige meiner Bücher geschrieben habe* ist das Wort »einige« implizit hervorgehoben. Im Text lautet die Erklärung ebenso lakonisch wie unmissverständlich: »Es muss nicht eigens darauf hingewiesen werden, dass meine anderen Bücher, *La Doublure*, *La Vue* und *Nouvelles Impressions d'Afrique*, mit dem Verfahren nicht das Geringste zu tun haben«. Wenngleich dies die »anderen« Bücher einer gesonderten Ebene zuordnet, betont es zugleich ihre Existenz. Daher haben sie das kritische Interesse geweckt, wenn auch ein dem überwiegend auf das Verfahren konzentrierten Interesse gegenüber marginales. Und sie haben darüber hinaus das Rätsel des Werks als Totalität aufgeworfen. Was eint die beiden Hälften der rousselschen Produktion, die mit und die ohne Verfahren gemachten? Denn die eine ist nicht nur durch die Abwesenheit des Verfahrens geprägt: sie ist ebenso originell und seltsam wie die andere, oder ist es sogar in noch höherem Maße. Das Problem würde sich nicht stellen, wenn es konventionelle Bücher wären, von denen man annehmen könnte, dass es sich um Erholungspausen von der mühseligen Romanarbeit handelte. Wie die Astrophysiker, die nach einer allgemeinen Erklärung suchen, die alle Teilerklärungen mit den verschiedenen erklärungsbedürftigen Phänomenen des Universums in Einklang brächte, so suchen auch die Rousselianer nach dem Universalschlüssel.

Ich glaube ihn gefunden zu haben: Was allem, was er schrieb, vom Anfang bis zum Ende seines Lebens gemeinsam war, ist einfach das Ausfüllen der Zeit, der Zeitvertreib. Er schrieb, um auf solide und dauerhafte Weise eine Lebenszeit zu füllen, die andernfalls leer geblieben wäre. Dafür musste er Schreibweisen, Rahmen, Formate erfinden, welche die größtmögliche Menge an Zeit in Anspruch nahmen. Was haben alle seine Schriften gemeinsam? Ihre Ähnlichkeit mit dem Lösen von Kreuzworträtseln: Die Verschmelzung eines Maximums an Bedeutung mit einem Minimum an Sinn, genau das also, was sich in Zeitvertreib übersetzt.

Das Feilen an Homonymen für das Verfahren, die mühseligen Plausibilisierungen, die Erklärungen hochkomplexer, nie gesehener Maschinen; und, abseits des Verfahrens, das wackere Schmieden der Alexandriner, das Reime-Finden … alles läuft auf dasselbe hinaus: auf die Zeit, die das in Anspruch nimmt. Das letzte Buch, die *Nouvelles Impressions d'Afrique* mit ihrer Parenthesenmechanik, verschärft nur, was immer schon gegeben war. »Man glaubt gar nicht, welch ungeheure Zeit das Komponieren solcher Verse in Anspruch nimmt«, sagt Roussel und rechnet vor, dass ihn das Gedicht mit seinen kaum vierzig Seiten sieben Jahre pausenloser Arbeit gekostet habe.

Nun könnte man sagen, das sei eine Selbstverständlichkeit. Jedes Werk eines jeden Schriftstellers, das geschrieben wird, fülle die Zeit aus, die seine Niederschrift in Anspruch nimmt. Bei Roussel ist es jedoch so, dass die Ausfüllung der Zeit im Vordergrund steht und, falls meine Hypothese stimmt, das Motiv des Schreibens darstellt. Bedenken Sie, dass sein Testament den Titel trägt: »*Wie ich ... schrieb*«, und nicht »warum«; Bei Roussel gibt es kein »warum«, nur ein »wie«; es ist eine Technik, etwas, das die Zeit ausfüllt, ohne sich auf irgendein Ziel zu richten. Die einzige Antwort auf ein »Warum«, die teleologische, die biografische Antwort, der einzige Zweck, an den er sich klammern konnte, waren leere Begriffe wie »Berühmtheit«, »Ehre«, »Verbreitung« (*l'épanouissement*) und deren Steigerung ins Pathologische (weswegen er in Behandlung kam und weswegen er am Ende starb).

Allem, was er schrieb, gemeinsam ist jene Anmutung von geduldig und sinnreich ausgetüftelten Rätselspielen; hinzu gesellt sich seine offenkundige Willkür, das völlige Fehlen einer ideologischen oder belehrenden Botschaft; selbst die von ihm bewunderten Verne und Loti besitzen eine erzieherische oder informative Komponente; Roussel dagegen montiert von dieser Komponente entblößte, rein formale Nachbildungen von Verne und Loti. Schließlich gibt es auch keine autobiografischen Elemente, was ausdrücklich klarzustellen er sich beeilt hat. (»Von allen meinen Reisen habe ich nie etwas in meine Bücher einfließen lassen.«) Was also bleibt als Rechfertigung, geschrieben zu haben, übrig? Antwort: Dass es die Zeit ausfüllte.

Und über die Arbeit ihrer Niederschrift hinaus, oder als Folge dieser Arbeit, riechen seine Texte und die Erfindungen seiner Romane nach Zeit. Das muss Duchamp gespürt haben, der von seinem Erlebnis der für Theater bearbeiteten Inszenierung von *Impressions d'Afrique* sagte, sie habe die Richtung, die sein Werk nehmen sollte, maßgeblich beeinflusst. Und auch das Werk Duchamps könnte man als großen Apparat verstehen, die Zeit auszufüllen, ohne auf bestimmte sinnhafte Bedeutungen abzuzielen. (Sein Schachspielen und die von ihm selbst genährte Legende, er habe die Kunst aufgegeben, um sich dem Schachspiel zu widmen, weisen ebenfalls in die Richtung Zeitvertreib.)

Womit sonst hätte er die Zeit ausfüllen können, ein Mann wie Roussel, reich, neurotisch, zur Nutzlosigkeit erzogen. Richtig ist, dass er nicht der einzige reiche, neurotische Müßiggänger war, den die Welt gesehen hat. Es scheint bei ihm eine besondere Sensibilität im Gebrauch der Zeit gegeben zu haben. Wenngleich ihn das Schreiben fast vollständig absorbierte (er sorgte dafür, dass es das tat), blieben Spannen, die er mit für den »Gebrauch der Zeit« ebenfalls typischen Aktivitäten ausfüllte: Drogen und Reisen.

Mit dem Vorigen soll nicht gesagt werden, er sei kein großer Schriftsteller. Weit gefehlt. So weit gefehlt, dass wir die Worte derjenigen voll unterschreiben, die ihn vor der Enthüllung lasen, José Bianco, Raymond Queneau: einzigartig, unvergleichlich, des Schöpfers würdige, allerhöchste Kompetenz … Kein Lob ist zu groß für den Schriftsteller, der nur schrieb, um die Zeit auszufüllen, und der aus dieser ausfüllenden Beschäftigung den einzigen Gegenstand seines Werkes machte. Denn er hätte die Zeit auch mit dem Schreiben von Romanen wie denen von Dostojevski oder Gedichten wie denen von Verlaine ausfüllen können, was für diese Aufgabe nicht weniger Erfolg versprechend gewesen wäre. Aber dann hätte er über seine Gefühle, Ideen, Erfahrungen schreiben müssen, und das lag nicht in der Absicht des großen Dandys, der Roussel war. Die Literatur ist vollständig aus außerliterarischen Elementen gemacht. Was würde geschehen, wenn wir sie von allem entblößten, was in ihr Information, Kommunikation, Ideologie, Autobiografie, Meinung etc. ist? Wenn es uns gelänge, den reinen Mechanismus dessen zu isolieren, was die Literatur literarisch macht? Ich glaube, wir würden so etwas wie *Locus Solus* oder irgendein anderes seiner Bücher erhalten. In seiner Konzentration darauf, Formate zu finden, die ihm eine völlige Ausfüllung der Zeit bescherten, schob Roussel all jene Elemente beiseite und präsentierte die Literatur nackt.

Dalí

Ausgangspunkt dieser Überlegungen, die, fürchte ich, keinen anderen Schluss als den meiner eigenen Verblüffung finden werden, ist eine Frage, die so alt ist wie meine Bewunderung für Dalí. Sie lautet: Wie kann jemand sagen, »ich bin ein Genie«? Es klingt nach Scherz, nach Ironie, nach der Art von Aussagen, die man macht, wenn man ein Rätsel gelöst oder es geschafft hat, in einer Mikrowelle einen Teller Suppe aufzuwärmen. Das Wort »Genie« in seiner üblichen Verwendung trägt seine eigene Entwertung immer schon in sich. Ihm Zweideutigkeit einzupflanzen, ist sehr viel schwieriger: Meint er das ernst? Oder ist es doch eine verdrehte Art falscher Bescheidenheit? Die Zweideutigkeit gerät schnell in eine Eskalationsspirale: Von der Frage »glaubt er das selbst?« gelangen wir zu der Vermutung, dass er uns glauben machen will, er glaube es selbst, und so immer weiter. Das

Außergewöhnliche und Spannende ist, dass ein anerkannter bedeutender Künstler es sagt, der umfassende Schutzvorkehrungen um diese Behauptung errichtet hat, innerhalb derer er sie sein ganzes Leben lang wiederholen und weiterentwickeln konnte. Und entscheidend ist nicht nur ihre Wiederholung, denn auch in der Wiederholung könnte es sich um eine vereinzelte Arroganzgeste handeln, die provozieren und empören soll. Bei Dalí ist das »ich bin ein Genie« die Achse im Gefüge seines Werks, die alles strukturiert, was er getan und gesagt hat.

Das Erste, was es an dem Satz zu beachten gilt, ist der Unterschied, ihn nur zu denken oder auch zu sagen. Es dürfte etliche geben, die ihn im Stillen formulieren und niemals laut aussprechen würden. Wichtig an diesem Unterschied ist nicht der psychologische Aspekt der Scham oder der Angst, sich lächerlich zu machen, sondern der autonome Wert und sogar die autonome Bedeutung, die der Satz beim Übergang in das physische Stadium seines Geäußert- oder Geschriebenwerdens erlangt. Er gehört zu jenen Sätzen, die zwei Bedeutungen haben, die des Satzes an sich, wenn niemand ihn ausspricht, und eine andere, wenn jemand in die Rolle seines Senders schlüpft. (Diese Duplizität ist, nebenbei gesagt, vielleicht jeder Aussage in der ersten Person eigen.)

Wenn wir also annehmen dürfen, dass es viele Leute gibt, die ihn denken, warum sagt ihn dann niemand? Ich glaube, weil man ihn, indem man ihn sagt, in einen Dialogzustand überführt, also dem Widerspruch aussetzt. Das Gegenüber könnte sagen: »Nein, Sie sind kein Genie«, und das würde genügen, um das Gespräch in das Fahrwasser diskursiver Logik, der Argumente für und wider, zu lenken, also in die Logik der ersten – ungesagten, mentalen – Bedeutung des Satzes, was im Widerspruch zu seiner zweiten oder Sprechakt-Bedeutung stünde, die er von dem Moment an bekommen hat, da er offen ausgesprochen wurde.

Schon vorab besteht ein Widerspruch in den Begriffen selbst, nämlich zwischen »ich« und »Genie«. Wegen einer Art Gentleman's Agreement im Zusammenleben kann, wenn ich bin, kein Genie sein, und wenn ein Genie ist, kann nicht ich sein. Daher klingt der Satz a priori ziemlich ortlos.

Aber das sind Selbstverständlichkeiten. Man müsste die Begriffe einmal definieren. Dem Wort »Genie« lassen sich so viele Definitionen geben, wie man möchte, aber die von Dalí, wie die der meisten Menschen, bezeichnet ein außerordentliches Talent, ein Talent auf höherem Niveau, die schöpferische Intelligenz und Kraft eines Visionärs, eines Übermenschen oder einen mehr oder weniger gleichwertigen Superlativ. Im Allgemeinen gebraucht man das Wort – und diskutiert es entsprechend – in Bezug auf eine erlesene und schon konsensfähige Elite, die Personen wie Mozart, Picasso, Einstein, Leonardo etc. einschließt. Münzt man es auf jemanden außerhalb dieser Gruppe, dann in polemischer Absicht.

Aber wer hat entschieden, dass Picasso, Mozart etc. Genies sind? Hier berühren oder verbinden sich zwei demografische Extreme des Kulturbereichs. An dem einen Ende steht das oben erwähnte Genie, mit seinem unergründlichen Werk und seiner unfassbaren Persönlichkeit, denen nur Gelehrte sich bebend zu nähern wagen, die ihnen ihr Leben widmen, mit Interpretationen, die sich mit den Jahren immer schwieriger gestalten. Am anderen Ende, das vorige aber einschließend und rechtfertigend, steht nur der Name, also die Meinung der breiten Masse, die die Genialität der Genies ohne Gründe und Erklärungen akzeptiert, ohne von ihren Werken und ihren Leben mehr zu kennen als die Karikatur der Medien oder des Gerüchts. Ich glaube, dass die »Operation Dalí« von diesem Punkt ausgeht, an dem sich das Unbekannte und das allzu Bekannte verbinden. In gewisser Weise ist sein Fall eine Aneignung, eine Privatisierung des allgemeinen Konsenses. »Wenn alle es sagen, sagt es niemand.« Dann bleibt das Gesagte ohne Sender, dem Ersten, der es sagen will, zur freien Verfügung. Wer es zuerst sagt, gewinnt.

Wende ich mich spezielleren Definitionen von »Genie« zu, finde ich jene am spannendsten, die sich aus der folgenden

Behauptung ergibt, die nicht von mir stammt, obwohl ich sie unterschreibe: »Das Talent macht, was es will; das Genie macht, was es kann«. Sie besitzt den Vorzug, zwischen Talent und Genie eine nicht nur quantitative Unterscheidung vorzunehmen. Der talentierte Mensch kann tun, was er sich vornimmt, und wenn er viel oder sehr viel Talent besitzt, kann er alles oder fast alles tun; das bezieht sich auf das, was er tun will, darauf also, Wirklichkeit werden zu lassen, in Wirklichkeit zu gestalten, was er sich gedacht oder vorgestellt hat ... Das Genie dagegen tut nur, was es kann: Es ist gezwungen, das zu tun, was sein Genie ihm vorschreibt, stellt es doch keinen bloßen Superlativ der Kunstfertigkeit oder des Talents dar: Es ist besessen von einer übermenschlichen Kraft und wird von ihr beherrscht ... Mit dieser Unterwerfung bezahlt es für die Bewunderung, die Hingabe, die ihm mit universaler Einhelligkeit zuteilwird ... Es ist seinem Genie unterworfen. Das erklärt, warum er mit so großer Regelmäßigkeit so schwere Fehler begeht und sein Leben so kurz und unglücklich verläuft.

Das heißt, dass die erste Person, mit der man den Genie-Status deklariert, jenes »Ich bin ein Genie«, so etwas wie eine dritte Person einschließt. »Ich ist ein anderer«, hat ein beglaubigtes Genie gesagt. Zur Bestätigung und im Vorgriff auf die Erkundung jener ersten Person, vermerke ich den interessanten Umstand, dass die extremste Form von Selbstgefälligkeit und Egolatrie, zu der die erste Person sich aufschwingen kann, paradoxerweise … die dritte Person ist. Wenn jemand von sich in der dritten Person zu sprechen beginnt, wie Dalí es mehr als einmal – um nicht zu sagen: immer – getan hat, erklimmt er in seinem Willen, den anderen seine erste Person aufzuzwingen, den höchsten Gipfel. Die dritte Person ergibt sich als Effekt der Sättigung der ersten Person. Es gibt einen Punkt übermäßiger Ich-Demonstration, wo es zu reiner Äußerung wird, und um das darin Geäußerte zurückzugewinnen, um also etwas von diesem Ich sagen zu können, das sich solchermaßen entleert hat, muss man auf die dritte Person zurückgreifen.

Der andere Begriff des fraglichen Satzes ist der erste, sprich: jene erste Person, das Ich. Die Literatur des »Ich« gehört zum dramatischen Genre, nicht zum narrativen im eigentlichen Sinne. In einer Geschichte in der ersten Person obliegt die Konstruktion der Erzählung dem Leser, auf dieselbe Weise, wie der Zuschauer im Theater sich die Geschichte, die vor seinen Augen geschieht, selbst erzählen muss. Im Theater reden alle Stimmen in der ersten Person, außer der des Autors. Der Autor ist der Bauchredner. Wenn er als der Bauchredner seiner selbst agiert, verzichtet er auf die erzählerische Logik und folgt stattdessen einer, die ihr stark ähnelt, ihre ganze

Wirkung aber aus den Unterschieden bezieht. In der Erzählung in der ersten Person sind nämlich die Entscheidungen, was über die Personen gesagt oder nicht gesagt wird, durch das Erzähler-Ich vermittelt; und die Entscheidungen, was es über sich selbst sagen oder verschweigen soll, sind ebenfalls vermittelt, aber umgekehrt. Hier ist es der Autor selbst, der als Filter fungiert. So löst sich die Kontiguität zwischen dem Schriftsteller und dem, was er schreibt, und die geschaffene Distanz wird von einer sozialen Figur eingenommen.

Jene Figur ist ein Ableger des »wir«, der ersten Person Plural: Deren Formel lautet »wir, die Guten«, die Vertreter der positiven Werte, die die Existenz der Gesellschaft rechtfertigen. Scham oder falsche Bescheidenheit haben hier keine Gültigkeit. Als Vielheit, entschlossen zur politischen Umsetzung des Gemeinwohls, zu utopischer Wiederherstellung, sind »wir«, die Guten, absolut gut, weil unsere moralische Vollkommenheit wechselseitig und aufeinander bezogen ist. Die kleinste Schwäche einzugestehen, hieße nicht nur, dem Feind in die Hände zu spielen, sondern auch, die Seinen zu verraten.

Die Forderungen des Realismus verlangen nach einer Abmilderung dieser inhumanen Vollkommenheit. Die Individuen können gelegentlich auch nicht im Namen der Gesellschaft, die sie bilden, sondern in ihrem eigenen Namen das Wort ergreifen, und dann erlauben sie es sich doch, all die

Unvollkommenheiten einzugestehen, die die gemeinschaftliche Vollkommenheit stützen. Sie erlauben es sich nicht nur, sondern gefallen sich darin, denn indem sie eine akzeptierte Funktion erfüllen, die nämlich, der allgemeinen Fiktion des Guten ein wahrscheinliches Antlitz zu verleihen, fühlen sie sich am Ende ermächtigt, ihrer ganzen Niedertracht freien Lauf zu lassen. Das ist, glaube ich, das Grundprinzip aller Bekenntnis-, Tagebuch- oder Memoirenliteratur.

Selbst in der Literatur mit all ihren unzähligen Alibis, schwebt über dem »Ich« nach wie vor das »Wir«, und dem Individuum wird es schwerfallen, den Block des Positiven nicht massiv in seinen Diskurs zu verpflanzen. Auch wenn es sich den Anstrich eines Verrückten oder einer Kanaille gibt, ist es von der moralischen Vollkommenheit beherrscht, die es von dem Moment an repräsentiert, da es zu sprechen beschließt. Ein untrügliches Erkennungszeichen für diese Herrschaft besteht in dem Anspruch, ernst genommen zu werden.

»Ernst nehmen« bedeutet, das Geäußerte mit der Äußerung in Einklang zu bringen, den Platz des Senders in der Kommunikation mit dem Inhalt der Botschaft. »Ich bin ein Genie« ist nichts, was man ernst nehmen könnte, teils aus Gründen, die auf der Hand liegen, teils aus anderen, weniger offensichtlichen Gründen, die Ängste und Irritationen wecken. Niemand will sich die Kompetenz absprechen lassen, sagen zu dürfen, »Er ist ein Genie«. Sich ein Urteil darüber zu erlauben, wer ein Genie ist und wer nicht, ist insofern beruhigend, als es die Außergewöhnlichkeit in überschaubaren, einvernehmlichen Grenzen hält. Die Eigenschaft eines Genies wie die eines Verbrechers oder irgendeiner anderen abnormen Persönlichkeit ist an die dritte Person gebunden. Wenn man sie der voluntaristischen Laune der ersten Person überlässt, weiß man nicht, wo das noch enden wird.

Umgekehrt, und wenn wir dem Wort »Genie« seine eindrucksvollen Konnotationen nehmen, deutet Dalís Behauptung, seine ganze Haltung, auf eine gesunde Außergewöhnlichkeit hin. Es gibt schon zu viele Leute, die sich selbst »Künstler« nennen. Kunst zu machen, sagt Dalí, ist die Folge davon, besonders zu sein, sehr besonders, wenn nicht einzigartig, einer unter Millionen, oder bestenfalls zwei oder drei unter Millionen, denn er gestattet Gesellschaft, zum Beispiel Picasso: »Picasso ist ein Genie, ich auch ...«

Es handelt sich um eine berufspolitisch-protektionistische Geste. Denn wenn die Kunst der Ausdruck eines Ichs ist und alle Welt »Ich« sagen kann, verliert der Ausdruck seine Besonderheit und drückt nichts mehr aus. Wider die undifferenzierte Vermehrung: die Ausnahme. Reaktionär zu sein, Katholik, Franco-Verehrer, Monarchist, Eurozentrist, und das in einem zunehmend demokratisch verfassten Jahrhundert und mit gutem Gewissen, war die ihm gemäße Art, seine Außergewöhnlichkeit mit einer schützenden Barriere gegen jedwede Vereinnahmung zu umgeben. Diese Politik ist unvermeidlich, wie Joseph Beuys beweist, der sich, um seinen Slogan »Jeder Mensch ist ein Künstler« zu verfechten, die Figur eines Schamanen, im Mythos wiedergeborenen Menschen, erschaffen und sich also das Prestige eines Genies verleihen musste.

Es ist, als hätte Dalí gesagt: »Wenn sie ›Ich‹ sagen wollen, sollen sie doch ›Ich bin ein Genie‹ sagen.« Andernfalls lohnt es die Mühe nicht, wäre eine schäbige und beschämende Taktlosigkeit, eine Nacherzählung persönlicher Erbärmlichkeiten, die niemanden interessieren. Und sie interessieren niemanden, weil dieser Niemand sich automatisch in alle verwandelt. Als künstlerisches oder literarisches Werkzeug führt das Ich zur Ausuferung oder ist selbst schon eine Ausuferung. Das Wort »Ich« ist der Vater aller *shifters*: Es will dasselbe sagen, bezieht sich aber gleichzeitig auf jedes der vielen verschiedenen Lebewesen der Welt; und auf sämtliche Dinge, da die erste Person den Keim der Prosopopöie in sich trägt. Die Erzählerstimme an einen Kater, eine Wand oder einen Berg zu delegieren, ist kein grundsätzlich anderes Verfahren, als sie mit Borges oder dem »Erzähler« von Proust zu besetzen. Kafka ließ Hunde, Maulwürfe und Mäuse sprechen, und in seiner seltsamsten Geschichte (die den Titel »Eine kleine Frau« trägt) erfand er eine erste Person, die fast jedes Ding im Universum sein könnte (nach wiederholter Lektüre bin ich endlich zu der Überzeugung gelangt, sie müsse das Sonnenlicht sein). Mit dem Ich wird alle Äußerung Bauchrednerei. Es ist jemand, der in eines anderen Namen spricht; dass er es selbst ist, wäre ein den Umständen geschuldetes Detail, lediglich eine Koinzidenz von Zeit und Raum, eine biografische Koinzidenz, die der Überprüfung bedarf. Wenn wir »Ich« hören, wissen wir, was das heißen soll, wissen aber nicht, ob es sich auf einen Mann, eine Frau, einen Zwerg, ein Einhorn oder einen Stuhl bezieht.

Was sich in der dritten Person konzentriert, läuft in der schwindelerregenden Zentrifugalität des Ichs aus dem Ruder. Es ist der sprachlichen Sendung zu nah, um das zu vermeiden, und eigentlich will es auch niemand vermeiden. Leider vermeidet man aus falsch verstandener Scham auch den Narzissmus, der durch das Abbild zumindest eine Dreiwertigkeit in Aussicht stellt und die Mannigfaltigkeit der ersten Person modelliert. Die Gefahr des Ausuferns besteht darin, dass sie zur Sättigung und zur Ununterscheidbarkeit führt. Jedes Ich ist einzigartig und anders als alle anderen. Das Problem ist, dass das für alle gilt, und darin sind sie einander gleich.

Die Außergewöhnlichkeit wird zwischen dem Vorher und dem Nachher der Proklamation des Satzes »Ich bin ein

Genie« konstruiert, unter Mitwirkung von beiden, dem Vorher und dem Nachher. Vorher braucht es eine Geschichte, der gegenüber der Satz Epilog und Konsequenz ist. Das Außergewöhnliche hat eine Geschichte, im Unterschied zur Regel, die wegen ihrer Austauschbarkeit keine haben kann. Die Geschichte muss vor der Verlautbarung des Ichs da sein. Es ist nicht das Ich, das sie konstruiert, wie mehrheitlich jene meinen, die »ich« sagen. Die Geschichten, die das Ich konstruiert, sind für uns uninteressant, weil sie auf nichts hinauslaufen, es gibt kein Genie, das am Ende wartet, es gibt lediglich das schlechte Gewissen eines gewöhnlichen Menschen, der jedem beliebigen anderen ähnelt.

Bei Dalí entstand dieses »Vorher«, die *creatio ex nihilo* der Außergewöhnlichkeit, durch einen Diskurs, in dem die subversive Behauptung der Genialität in der ersten Person das generative Zentrum war. Sie wurde – im Nachhinein – durch das malerische Werk bestätigt, in dem jenes Ich sich in Materie konkretisiert, und zwar im Materiellsten der Materie: Höherer Narziss, der er war, wurde bei ihm das Abstrakte des Wassers zur zähen Materie des Öls, klebrig, lebendig, und das Bild dadurch greifbar real. Andererseits bestätigt sich die Wirklichkeit in einem als renaissancehaft ausgestellten und erklärten Beruf von tadelloser handwerklicher Faktur, in allem, was mit einer langen Ausbildung einhergeht.

Die Vorgeschichte, den familiären oder persönlichen Mythos, konstruierte Dalí mit dem, was ihm zu Gebote stand: mit der Vulgata der Psychoanalyse, mit Okkultismus, Kunstgeschichte, Wortspielen. Er ging mit nichts zimperlich um, nicht einmal mit dem gesunden Menschenverstand.

Ich lese einen repräsentativen Ausschnitt:

> »... Ich habe schon erzählt, dass mein Vater und meine Mutter mir bei meiner Geburt, drei Jahre nach dem Tod meines siebenjährig verstorbenen Bruders, denselben Namen gaben wie ihm, Salvador, der gleichzeitig der Name meines Vaters war und Erlöser bedeutet. Ein unbewusstes Verbrechen, das noch dadurch erschwert wurde, dass im elterlichen Schlafzimmer – diesem polarisierenden, geheimnisvollen, gefürchteten, mit Verboten und Zweideutigkeiten belasteten Ort – gleich einem romanischen Pantokrator die Fotografie meines toten Bruders Salvador hing, gleich neben einer Reproduktion des Christus von Velázquez; und das Bild der Leiche des Jesus Salvator, den mein Bruder Salvador Dalí zweifellos bei seiner engelhaften Himmelfahrt hatte treffen wollen, bedingte in mir einen Archetyp, geboren aus der Existenz von vier Erlösern, die mich kadaverisierten. Umso mehr, als ich beschlossen hatte, meinem toten Bruder zu gleichen, als wäre ich sein Spiegelbild.

Ich hielt mich für tot, bevor ich wusste, dass ich lebe. Die drei Erlöser, die sich wie drei Spiegel ihre Bilder zuwarfen – einer davon der gekreuzigte Gott, in Kombination mit dem anderen, der ein Toter, und dem dritten, der ein imperialistischer Vater war – hinderten mich daran, mein Leben in eine beruhigende Form zu gießen, und ich würde sogar hinzufügen, dass sie mich daran hinderten, ich selbst zu sein [...] Ich hatte das Bild meines Seins verloren, man hatte es mir gestohlen; ich existierte nicht oder nur in Vertretung und als Ersatz.

So intensiv ich mein geradezu sagenhaftes Gedächtnis auch erforsche, empfinde ich nichts als die Wehmut, geboren zu sein, und ein tiefes Glücksgefühl über mein intrauterines Leben, mit dem sich jene Wirklichkeit, die mich vergewaltigt und enteignet hat, nicht messen konnte. Mein Sein und meine Person nahm ich wahr, als handelte es sich um einen Doppelgänger. Es ist wahr, dass ich, seit ich Bewusstsein von den Dingen hatte, nicht bei mir war und mich gezwungen sah, in jedem Moment zu überprüfen, ob ich wirklich existierte. Daher meine polymorphe Perversität, aller Welt das Joch meiner Launen aufzuzwingen. Aber ich besaß keine Konturen. Ich war nichts und war zugleich alles. Insofern sie mich negierten, war ich etwas, das im Unbestimmten, im Zwielichtigen schwebte. Mein Geist lebte ebenso wie mein Körper im Zwielichtigen und Zweideutigen, und ich existierte gleichermaßen in den Gegenständen wie in den Landschaften. Mein psychologischer Raum war nicht zu einem Körper kristallisiert, sondern befand sich im Gegenteil über einen unbestimmten Raum versprengt, in der Schwebe zwischen Himmel und Erde, wie der zum Himmel fahrende, zur Rechten des Erlösers sitzende Engel, der mein toter Bruder war. Obschon mein Körper eine Art Fata Morgana war, etwas, das ich nur mimetisch spürte, bewegte sich mein Denken wie selbstverständlich in jener Dimension des Irrealen, wo meine Lebens- und meine Tatkraft Entfaltung fanden. Durch meinen Körper ging ich hindurch wie durch eine Öffnung des Irrealen.

Mein Lieblingspsychiater, Pierre Roumeguère, behauptet, dass ich wegen der gewaltsamen Identifizierung mit einem Toten kein anderes wirklich empfundenes Bild meines Körpers besaß als das einer verwesten Leiche, weich, verfault, von Würmern zerfressen. So ist es. Meine am weitesten zurückliegenden Erinnerungen von starker und wahrer Existenz stehen in Verbindung mit dem Tod (die von meinem Vetter getötete Fledermaus, der Igel ...). Meine sexuellen Obsessionen sind mit weichen Schwellungen verknüpft. Ich träume von leichenhaften Formen, schlauchartigen Brüsten, sich deformierendem, wie Gelatine dahinschmelzendem Fleisch, und die Krücken, die

> ich mir bald als Gegenstand von Sakralisierung zu eigen machte, sind in meinen Träumen wie in meinen Bildern gleichermaßen unverzichtbare Hilfsmittel, meine schwache Auffassung von Wirklichkeit im Gleichgewicht zu halten, die unaufhörlich durch die Löcher flieht, die ich sogar in den Rücken meiner Amme schneide. Die Krücke ist nicht nur eine Stütze, die Gabel am Ende ist auch ein Beleg für Ambivalenz. Das Geheimnis der Gabelung erregt meine Einbildungskraft bis zum Paroxysmus. Beim Betrachten meiner offenen Hand und der vierfachen Gabel meiner Finger kann ich diese Verzweigung bis ins Unendliche verlängern und stundenlang vor mich hinträumen. Ich verfüge über eine wahrhaft halluzinogene Kraft ohne Halluzinogene.«

Diese glänzenden Seiten, durch und durch Dalí, wurden von André Parinaud geschrieben, so wie fast alle wunderbaren Bücher Dalís von anderen geschrieben wurden. Die ganze kleinbürgerliche Sorge um geistiges Eigentum erscheint hier null und nichtig. Die Qualität ist von vornherein garantiert, was Dalí selbst eigens klarzustellen übernahm: »Wer an Dalí denkt, wird geniale Gedanken haben, wer über Dalí schreibt, wird Geniales schreiben, und wer einen Dalí kauft, der wird reich«. Auch diesen hundertprozentigen Dalí-Satz hatte ein anderer schreiben können. Mehr noch, selbst den Satz der Sätze, »ich bin ein Genie«, hatte ein anderer sagen können, und nichts spricht dagegen, dass es auch so war, im Gegenteil. Dalí bringt sich als das symmetrische Gegenstück zu Duchamp ins Spiel, dem es egal war, ob seine Werke von anderen oder von niemandem gemacht oder in einem Basar gekauft worden waren, solange der sie untermauernde Diskurs der seine war. Dalí beansprucht das höchstpersönliche künstlerische Markenzeichen für seine Bilder mittels einer geduldigen und minutiösen Arbeit, die auf alte Traditionen, Alchemie und magische Rezepte zurückgreift, lässt aber zu, dass die Verlautbarungen seines Genies vorfabriziert daherkommen. Im Gegensatz zu Duchamp, der nach Apollinaires berühmter Prophezeiung dazu bestimmt war, die Kunst mit dem Volk zu versöhnen, tritt Dalí als das Sonderwesen auf, als das jeder Versöhnung widerstrebende Genie. Aber wie immer, wenn die Symmetrie des Gegensatzes zu perfekt ist, manifestiert sich darin vielleicht eine spiegelbildliche Identität. Letztlich ist die Außergewöhnlichkeit nichts anderes als die Verquickung der vielen in einem, in einer mächtigen, aber ihrer Konstitution wegen mannigfaltigen Singularität.

Das Ich besitzt die unüberwindliche Neigung, sich dem Bewusstsein als »Illusion einer großen, runden Sache« zu präsentieren; Dalí ließ diese Seifenblase bereits platzen, als er das Ich als eine zu seiner Bedeutung parallele und von ihr unabhängige Konstruktion präsentierte – tat es aber auch in seinen vielen Verlautbarungen und ließ die der Person inhärente Fragmentierung plastisch hervortreten. Zum Beispiel in einer seiner berühmten *boutades*: »Der einzige Unterschied zwischen mir und einem Verrückten ist der, dass ich nicht verrückt bin«. Das Schlüsselwort hier ist »einzige«. Es geht nicht um Unterschiede oder Übereinstimmungen *en bloque*, sondern um die mannigfachen Separierungen der Einheit. Zwischen einem Verrückten und Dalí gibt es unendliche Ähnlichkeiten und Unterschiede: Von jenen akzeptiert er alle, von diesen greift er sich nur einen heraus, und die Tatsache, dass dieser eine Unterschied sich mit der Gesamtheit deckt, hindert nicht daran, dass er weiter die heikle Trennung von Wesenheiten leistet.

Der Essay und sein Thema

Ein Unterschied zwischen Essay und Roman ist der Ort, den beim einen und beim anderen jeweils das Thema einnimmt. Im Roman wird das Thema am Ende als die Figur sichtbar, die das Geschriebene entworfen hat, eine Figur, die unabhängig von den Intentionen des Autors entsteht und ihnen, sofern es eine Intention gab, fast immer zuwiderläuft. Das Literarische des Romans erkennen wir in der Hintanstellung des Themas und der Durchkreuzung der Intentionen; wenn das Thema den Roman vorwegnimmt und die Intention umgesetzt wurde, vermuten wir aus gutem Grund eine Absicht kommerzieller oder söldnerischer Art.

Beim Essay ist es umgekehrt: Das Thema steht am Anfang, und es ist dieser Ort, der das Literarische des Ergebnisses verbürgt. Die Trennung zwischen Intention und Ergebnis, die die Literatur im Roman ins Werk setzt, leistet im Essay eine Verallgemeinerung des Vorher; alles verlagert sich auf den Tag vor dem Schreiben, an dem das Thema gewählt wird; trifft die Wahl ins Schwarze, ist der Essay bereits geschrieben, noch bevor man ihn schreibt; das ist es, was ihn gegenüber den psychologischen Mechanismen seines Autors objektiviert und den Essay etwas mehr sein lässt als eine Darlegung von Meinungen.

Ich möchte über die Themenwahl des Essays sprechen, ausgehend von einer eigentümlichen Strategie, die unübersehbar ist, da sie sich üblicherweise im Titel zu erkennen gibt und in der Verpaarung zweier Begriffe besteht, A und B: »Die Mauer und die Bücher«, »Die Worte und die Dinge«, »Die offene Gesellschaft und ihre Feinde«. Es ist ein sehr gängiges Format, und ich vermute, es gibt kein anderes, auch wenn man das zu verschleiern sucht. In den Siebzigerjahren war es geradezu obligatorisch, sodass wir im Freundeskreis schon erwogen hatten, den Essayverlagsfabriken ein einfaches Verfahren zur Herstellung von Titeln anzubieten. Es bestand aus einem Raster, gebildet aus zwei im rechten Winkel angeordneten Linien, neben und über denen zweimal, einmal in der Horizontalen und einmal in der Vertikalen, dieselbe Reihe von Begriffen eingetragen wurde, die dem Fundus zeitgenössischer Themen von allgemeinem Interesse entstammten; etwa: Befreiung, Kolonialismus, Arbeiterklasse, Peronismus, Imperialismus, Unbewusstes, Psychoanalyse,

Strukturalismus, Sex etc. Man brauchte nur den Finger auf eines der Kästchen des Rasters zu legen und die Verbindung der Begriffe von Abszisse und Koordinate herzustellen, schon hatte man ein Thema: Imperialismus und Psychoanalyse, Mehrwert und Arbeiterklasse, oder was auch immer. Man musste natürlich aufpassen, nicht ein Kästchen auf der zentralen Diagonale zu wählen, in welchem Fall etwas herauskommen konnte wie Kapitalismus und Kapitalismus. Was bei genauerer Betrachtung durchaus originell hätte sein können.

Die Siebzigerjahre waren die Zeit der Non-Fiction. Eine nicht-fiktionale Literatur, die heute ein wenig hemdsärmelig erscheinen würde. Die wissenschaftliche Monografie hatte noch nicht ihren Weg in die Buchhandlungen gefunden; die Autoren waren mehr oder weniger marxistisch geschulte Generalisten, und sie stützten sich auf einen Lektürefundus, der eine heute fast unvorstellbare Breite und Verbohrtheit verriet. Es war das goldene Zeitalter der sogenannten Humanwissenschaften, deren Verbreitung im Zeichen politischer Ziele stand. Schon diese Tatsache schrie förmlich nach zwei Begriffen. »Die Linguistik«, schön und gut; aber »die Linguistik« und was? Für sich genommen interessierte sie fast niemanden (die berufsmäßigen Linguisten); sie musste von der Literatur begleitet sein, von der Gesellschaft, vom Unbewussten, von der Anthropologie oder irgendeiner anderen Sache. Und jede dieser anderen Sachen bedurfte ihrerseits der

Begleitung. Vor allem die Linguistik wurde immer von einem »und« begleitet, weil sie das Modell vorgab, mit dem man untersuchen musste, was uns wirklich wichtig war. Eines, das mehr als ein epistemologisches ein taktisches Modell darstellte, und alles lief auf die Verpaarung mit einer anderen Sache hinaus. Der Erztitel war natürlich Marxismus und Psychoanalyse; alle anderen Paarungen der Kombinatorik standen in seinem Schatten; ich glaube, dass alle zum Zuge kamen, wenn nicht in Büchern, dann zumindest in Zeitschriftenartikeln. Nebenbei gesagt könnte man heute dieses Raster aktualisieren, indem man die Koordinaten erweiterte und dieselben Begriffe mit dem Präfix »Post« hinzufügte.

Vor dreißig oder vierzig Jahren gehorchten diese Doppeltitel einer konkreten historischen Situation. Ganz gleich, zu welchem Thema man etwas verlautbaren wollte, man musste es sofort auf ein anderes beziehen, denn die Revolution, die unseren Horizont bildete, war genau das: der Schritt von einem Begriff zum anderen, eine Aktion kühnen Verknüpfens. Die Totalisierung begann mit einem Schritt, auf andere Weise konnte sie nicht beginnen. Der Schritt war schon die Aktion, und wenn wir ihn nicht machten, verharrten wir in intellektualistischer Träumerei oder im Elfenbeinturm. Eine Art Ungeduld, die uns heute ein wehmütiges Lächeln entlockt, lag in der Eile, mit der jedes Thema auf ein anderes übersprang, in einer endlosen, immer provisorischen Folge, so provisorisch wie die revolutionären Leben. Nun, all das ist Geschichte. Die Geschichte selbst sorgte dafür, dem ein Ende zu setzen, denn die Enthistorisierung ist ein ebenso historisches Phänomen wie jedes andere.

Vorher und nachher hat man viele Essays mit Titeln im Format »A und B« geschrieben. Es ist ein ewiges, dem Essay inhärentes Format, das auch dann bestehen bleibt, wenn die bestimmenden Faktoren, die es rechtfertigen, sich ändern. Das Thema des Essays, so meine Hypothese, sind zwei Themen. Ein Thema allein, könnte man sagen, ist kein gutes Thema für einen Essay. Handelt es sich nur um ein Thema, lohnt es sich nicht, darüber zu schreiben, weil schon vorher jemand darüber geschrieben hat, und wir können wetten, dass er es besser gemacht hat, als wir es tun könnten. Mit diesem Problem sah sich schon der Autor des ersten Essays der Welt konfrontiert. Womit wir nachdrücklich zu der eingangs erwähnten Frage des Vorher zurückkehren. Der Essay ist das Stück Literatur, das geschrieben wird, bevor man es schreibt, sobald nämlich das Thema gefunden ist. Und das Finden vollzieht sich innerhalb einer Kombinatorik: Hier finden nicht ein Autor und ein Thema, sondern zwei Themen zueinander.

Wenn eine Kombinatorik sich erschöpft oder ausgeschöpft ist, muss man nur darauf warten, dass die Geschichte sie erneuert. Der Fundus kollektiver Interessen wandelt sich ununterbrochen. Aber das Interesse allein, so aktuell und dringend es auch sei, reicht nie aus, um Kunst entstehen zu lassen, denn es ist zu sehr mit seiner biologischen Funktionalität verwoben. Das Interesse ist der Ariadnefaden, mit dem wir uns orientieren, um am Leben zu bleiben, und damit spielt man nicht. Damit Kunst entsteht, bedarf es einer Umleitung (einer Pervertierung, wenn man so will) des Interesses, und der ökonomischste Weg, diese Umleitung ins Werk zu setzen, ist seine abrupte Paarung mit einem anderen Interesse. So harmlos sie scheinen mag, ist diese Maßnahme doch radikal subversiv, weil sich das Interesse durch seine obsessiv verfolgte Isolierung definiert, dadurch, einzig sein und keine Konkurrenz dulden zu wollen. Der Ursprung dieser Subversion ist zugleich der Ursprung der Kunst zu handeln oder zu denken. Woraus sich ein Rezept zur Herstellung von Literatur gewinnen ließe. Wenn ich über Korruption schreibe, kommt Journalismus oder Strafpredigt dabei heraus; wenn ich einen zweiten Aspekt hinzufüge, sagen wir: Archäologie oder Arthritis, besteht Aussicht auf Literatur. Und das gilt für alles. Wenn ich eine Vase töpfere, wird das, ganz gleich, wie gut es mir gelingt, nie mehr sein als dekoratives, aber triviales Kunsthandwerk; wenn ich sie mit einem unerwarteten Zusatz verquicke, etwa mit Genetik oder Fernsehen, kann es Kunst sein.

Aber es soll hier nicht zu sehr auf dem Essay als künstlerischer Form herumgeritten werden, weil sich der Essay eher als Inhalt präsentiert. Die Form bleibt dem allgemeinen

Gesetz der durchkreuzten Intentionen unterworfen, und es wurde immer zugestanden, dass der beste Essay der ist, der sich weniger um die Form bekümmert und eher auf Spontaneität und eine elegante Nonchalance setzt. Anders als im Roman (und es ist derselbe Chiasmus, den ich eingangs geschildert habe) ist es im Essay die Form, das Künstlerische, was den Intentionen zuwiderlaufend am Ende sichtbar wird, fast wie eine Überraschung.

Die Forderung nach Spontaneität ist keine bloße Laune. Nicht nur, dass man sie genealogisch in den Ursprüngen des Essays als Form nachweisen kann, sei es in der Antike, als ein Ableger des Gesprächs oder Briefs, sei es bei den Engländern des achtzehnten Jahrhunderts als beiläufige Zeitungslektüre, wurde er immer nach den Parametern von Unmittelbarkeit, erhellender Abschweifung, als Schnappschuss des Denkens beurteilt. Und in den Anfängen des Essays im engeren Sinne, bei Bacon und Montaigne, erfuhren diese Parameter ihre Systematisierung als Verpaarung eines zweiten Themas, »Ich«, das Subjekt auf der Suche nach Objekten, das sich an alle Themen hängt. Die Form A und B, auch wenn sie im Titel nicht auftaucht, ist allgegenwärtig, denn damit es ein Essay sei, geht es immer um dieses oder jenes … und mich. Andernfalls wäre es Wissenschaft oder Philosophie.

Im Unterschied zum Romancier, der sich mit den Themen der Welt durch zwischengeschaltetes Personal auseinandersetzt, nimmt der Essayist sie unmittelbar in Angriff. Das soll nicht heißen, dass gar keine Person im Spiel ist oder der Essayist seine Arbeit macht, bevor sie auf den Plan tritt. Ich würde eher sagen, er macht sie hinterher. Um einen Essay zu beginnen, ist eine spezielle und ziemlich delikate Operation vonnöten, die in der Entfernung der Person besteht. Eine riskante, hochtechnologische Operation, weil gleichzeitig das Ich in der Verpaarung mit einem zweiten Thema einbezogen und die Spur des Vorher verwischt werden muss. Als hätte der Essay eine stillschweigend annullierte Episode zur Voraussetzung, die sich in etwa so formulieren ließe: »Eben habe ich meine Frau umgebracht. Ich konnte ihren schlechten Charakter und ihre maßlosen Ansprüche nicht länger ertragen. In einem Wutanfall habe ich sie erwürgt. Als sich der innere Aufruhr nach der Tat gelegt hatte, erfüllte mich eine seltsame Ruhe und ungewöhnliche Geistesgegenwart, die in mir den Entschluss reifen ließ, dass es sinnlos sei, der verdienten Strafe um jeden Preis entgehen zu wollen. Warum sollte ich mich auf die üblichen mühseligen Prozeduren einlassen, die Leiche zu verstecken, ein Alibi zu erfinden, zu lügen und zu schauspielern, wenn der scharfsinnige Detektiv mich am Ende doch überführen wird? Man kann auch im Gefängnis glücklich sein, mit guten Büchern und genügend Zeit, sie zu lesen. Also rief ich die Polizei an und setzte mich hin, um auf sie zu warten. Die Zeit bis zu ihrer Ankunft wollte ich nutzen, um über das konfliktreiche Verhältnis von Marxismus und Psychoanalyse nachzudenken …« Etc.

Die Leiche verstecken, ein Alibi erfinden, also Raum und Zeit ausformulieren, sind die »leidigen Prozeduren« der Fiktion, die auf der Strecke bleibt. Man muss sich ihnen wohl oder übel unterziehen oder die Strafe akzeptieren, wenn man es nicht getan hat, und es öffnet sich vor uns das weite und ersprießliche Feld des Nicht-Fiktionalen. Um die Metapher noch ein wenig weiterzuspinnen, müssen wir sagen, dass es das Schicksal des Opfers ist, als Gespenst wiederzukehren.

Jeder, der durch die Schule der Kriminalromane gegangen ist, weiß, dass die Spontaneität zu den Attributen des Schauspielers gehört. Gut zu agieren, heißt, die Spontaneität als Vermittlerin jener Qualität einzusetzen, bei der es sich lohnt, dass in ihr der Autor zum Vorschein kommt: der Intelligenz. Sie ist die dem Essay eigene Qualität. Der Erzähler muss sein Handwerk verstehen, der Dichter muss originell sein, der Romancier muss als Alchimist der Erfahrung wirken … der Essayist muss intelligent sein. Ein Ergebnis fehlender Vermittlung ist, dass die Intelligenz nicht so sehr dem Text als demjenigen zugeordnet wird, der ihn schreibt. Verschwunden ist die objektivierende Leinwand, auf der sich das Handwerk, die Originalität, die Erfahrung manifestieren können. Die unmittelbare Subjektivität rechtfertigt sich als Intelligenz, die wiederum in der Spontaneität das einzige Mittel findet, nicht anstößig zu wirken.

Das Anstößige, die ständig latente Gefahr, besteht darin, als Besserwisser dazustehen. Dieser Mechanismus von Subjektivierung wird faktisch mit einer Eleganzforderung akzeptabel gemacht. Tatsächlich fungierte der Essay im System der Literatur immer als Paradigma oder Prüfstein weniger der Intelligenz als der Eleganz. Der Essayist muss intelligent sein, aber nicht zu sehr, er muss originell sein, aber nicht zu sehr, muss etwas Neues sagen, aber indem er es altbekannt erscheinen lässt.

Der Essay hat etwas von subjektivistischer Äußerung, etwas, das sich der moderne Erzähler zu annullieren alle Mühe gibt. Jene antiquierten Formulierungen wie »Wir hatten unseren Helden in dieser oder jener Situation zurückgelassen ...« oder »Nun werden sich die Leser fragen ...«, die nicht mehr verwendet werden, haben sich im Essay erhalten, weil sie dem Genre inhärent sind. Die Unmittelbarkeit im Verhältnis von Autor und Thema erzwingt die Protokollarien der Äußerung. In der Fiktion dient die Person dazu, die Äußerung dadurch zu annullieren oder zu neutralisieren, dass sie alles in Geäußertes überführt. Indem er sich von dieser Verankerung in der Diskurs-Komödie befreit, macht sich der Roman mit dem dreisten Snobismus eines Parvenüs sämtliche Neuerungen und Avantgardismen zu eigen; während der Essay als dandyhaftes Genre jene allen Moden gegenüber unbekümmerten aristokratischen Anklänge bevorzugt.

Der Schlüssel zum Erfolg in Sachen spontaner Eleganz ist das Vorher. Um die Anstrengung nicht merken zu lassen, muss man sie hinter sich gelassen haben. Alles Wichtige ist vorher geschehen; der Essayist kann eine gewisse Distanz zu seinem Material wahren; gewöhnlich sagt man, der Schlüssel für gute Tischmanieren bestehe darin, keinen Hunger zu haben; die guten Manieren des Essayisten hängen davon ab, ob er die Suche nach der Wahrheit nicht mit zu großem Nachdruck verfolgen muss.

Es sei daran erinnert, dass der wahre Essayist, jener, der kein Prediger oder Publizist ist, zunächst herausfinden muss, welche Wahrheit er sagen soll. Gibt es denn mehr als eine? Widerspricht das nicht jeder Definition von Wahrheit, egal welcher? Auf dem Gebiet des Vorher gibt es tatsächlich eine Wahrheit für jeden Gegenstand, weil der Gegenstand im Vorher noch unbestimmt ist. Nun haben wir den Gegenstand ja »Thema« genannt und gesagt, dass sich die ganze Arbeit des Essayisten im Finden des Themas bündelt, bevor er sich ans Schreiben macht.

Für die Themenbildung werden nun aber zwei Begriffe gesucht. Ein einzelner Begriff scheint kein Thema für einen Essay zu sein, der Fülle von zweigliedrigen Titeln nach zu urteilen. Wenn es ein einzelner Begriff ist, muss man ihn schreiben, muss man die Anstrengung unternehmen und gefährdet die Eleganz. Mit einem einzelnen Begriff wird der Essay zu dicht an der Wahrheit bleiben, an einer schon gegebenen Wahrheit, was den Autor weniger innovativ dastehen ließe. Es ist, als hätte schon jemand anderes all die monothematischen Essays geschrieben. Tatsächlich ist der Essay ein historisches Genre, das irgendwann seinen Anfang nahm, auch wenn wir uns nicht einigen werden, wann das war. Und wenn es angefangen hat, hat es sich notwendigerweise im ersten Moment, in dem von seinem Erfinder beherrschten Moment, erschöpft. Sein mythischer oder realer Erfinder hatte keinen Grund, auf halbem Weg anzuhalten, um die letzte Wahrheit über einige Dinge und nicht über andere zu sagen. Wir können beruhigt davon ausgehen, dass er die ganze Wahrheit über alle Dinge gesagt hat, deren Wahrheit zu sagen sich lohnte. Diese Erschöpfung entband die Essayisten, die nach ihm kamen, also sämtliche Essayisten, von diesbezüglichen Verpflichtungen.

An dieser Stelle muss ich hinzufügen, dass das Vorher in der Literatur zwei Seiten hat: eine gute, die uns die Mühen des Schreibens erspart, eine schlechte, die das, was man schreibt, nutzlos macht und in das fahle Licht der Redundanz taucht. Auf seiner guten Seite enthält das Vorher das ganze Glück, das uns die Literatur zu geben vermag. In diesem Sinn ist der Essay das glücklichere Genre. Das Glück besteht in direktem Verhältnis zu der Freiheit, die man uns in einem bestimmten Moment auszuüben erlaubt. Da Literatur glücklicherweise nicht verpflichtend ist, steht an ihrem Ursprung eine freie Wahl. Wer über einen längeren Zeitraum hinweg schreibt, wird unweigerlich erleben, wie seine Freiheit rapide abnimmt. Aber da gibt es den Essay, um uns das Glück des Ursprünglichen zurückzugeben, insofern er sich auf dem Feld der vorherigen Wahl, dem Ort des Themas, tummelt. (Nebenbei gesagt, glaube ich, dass man nicht in erster Linie das Thema wählt, sondern umgekehrt: Wo es noch Thema gibt, ist weiterhin Wahl vorhanden, also Freiheit.)

Ein später Gast ist an diesem Punkt der Kritiker. Er war jedoch bei dem, wovon ich sprach, nie abwesend, denn im Grunde ist der Kritiker ein Essayist. Der Kritiker, der über bloßes Beschreiben hinausgehen will und sich erklären möchte, woher die Bücher kommen, die er gelesen hat, muss auf die Gesellschaft und die Geschichte rekurrieren, die sie hervorgebracht haben. Und die Regel, der das Glück unseres Berufs gehorcht, besagt, dass jedes Mal, wenn man von der Literatur zum Vorher zurückkehrt, man dies essayistisch tut.

Inhalt

Erste Auflage Berlin 2023

MSB Matthes & Seitz Berlin Verlagsgesellschaft mbH
Großbeerenstraße 57A | 10965 Berlin
info@matthes-seitz-berlin.de

Umschlaggestaltung: Dirk Lebahn, Berlin
Satz: Tom Mrazauskas, Berlin
Druck und Bindung: GGPMedia GmbH, Pößneck

Printed in Germany

ISBN 978-3-7518-0949-8

www.matthes-seitz-berlin.de

César Aira

Die Schneiderin und der Wind

Aus dem Spanischen von Christian Hansen
144 Seiten, gebunden mit Schutzumschlag
ISBN 978-3-95757-454-1

Es war einmal in Colonel Pringles, jenem mythischen Städtchen César Airas: Dort lebte eine Näherin ohne Geschmack, aber von unendlicher Fingerfertigkeit. Wie viele andere Frauen in Pringles hatte sie einen einzigen Sohn. Eines Tages glaubt sie ihn entführt und nach Patagonien verschleppt. Sie rafft das Brautkleid zusammen, das sie noch schnell für die örtliche Kunstlehrerin nähen soll, springt in ein Taxi und folgt ihrem Sohn in wilder Jagd. Als ihr Mann davon erfährt, entschließt er sich, ihr zu folgen, und die Katastrophe nimmt ihren Lauf. Unterwegs verliebt sich ein Wirbelwind in die Näherin und offenbart sich ihr irgendwo am Ende der Welt. Er verspricht ihr, (fast) all ihre Wünsche zu erfüllen. Eine rasante Novelle im unvergleichlichen Stil des großen argentinischen Autors.

»Wer wahren Eskapismus sucht, sollte César Aira lesen. Der Dadaist unter den zeitgenössischen Literaten setzt seine Geschichten aus Objets trouvés, aus Szenen des Alltags zusammen.« – Süddeutsche Zeitung

Matthes & Seitz Berlin

César Aira

Das Abendessen

Aus dem Spanischen von Christian Hansen
127 Seiten, gebunden mit Schutzumschlag
ISBN 978-3-7518-0065-5

Alles beginnt mit einem Abendessen: Zusammen mit seiner Mutter ist der Erzähler bei einem Freund zu Gast. Doch der Abend gestaltet sich für ihn frustrierend, denn sofort beginnen Freund und Mutter mit ausuferndem Namedropping: Meisterlich beherrschen sie, was die kleinstädtische Welt zusammenhält und jedem seinen Ort zuweist, den Lebenden genauso wie den Toten. Der Erzähler, der all die Namen nicht kennt, sieht für sich daher hüben wie drüben keinen Platz, doch wohin mit sich? Zu Hause zappt er sich durchs Fernsehprogramm und landet beim örtlichen Reality-TV-Sender. Gerade geht es in rasender Fahrt zum Friedhof, und gebannt verfolgt er, wie sich reality in ein Splattermovie verwandelt: Die Toten steigen aus ihren Gräbern, und eine Flut hungriger Untoter strömt in die Stadt Coronel Pringles.

»Es ist herrlich, wie genau, spöttisch und doch liebevoll César Aira diesen Provinz-Kosmos skizziert.« – Deutschlandfunk Kultur

Matthes & Seitz Berlin

César Aira

Die Wunderheilung des Doktor Aira

Aus dem Spanischen von Christian Hansen
109 Seiten, gebunden mit Schutzumschlag
ISBN 978-3-7518-0001-3

Doktor Aira ist kein gewöhnlicher Arzt. Der verarmte, alleinstehende Mann Mitte vierzig ärgert sich über vieles. Auch der Umstand, dass er Wunder vollbringen kann, bringt ihm keine Freude. Ganz im Gegenteil: So richtig glaubt er nämlich gar nicht mehr an Wunder, ja, ein bisschen schämt er sich sogar für seine übernatürliche Gabe. Und wäre da nicht sein Erzfeind Doktor Actyn, Chefarzt für Inneres am Hospital Piñero, der nicht müde wird, Dr. Aira als Scharlatan zu beschimpfen, hätte er vielleicht gar keine Verwendung mehr dafür. Doktor Aira mag ein Meister der paranormalen Medizin sein, doch der Sprachmagier César Aira lässt den allzu menschlichen Wunderheiler in diesem magischen Buch in eine ganz gewöhnliche Falle tappen. Wird Doktor Aira es schaffen, sich gegen Actyn zu behaupten? Und wenn ja, mit welchen Mitteln? Eine wilde, satte Erzählung, die zugleich als Einleitung in das Werk César Airas dient, ja, auch als Essay über seine eigene Poetik gelesen werden kann.

»Wenn es in der Literatur noch Logik, Kausalität und Folgerichtigkeit gibt, dann müsste César Aira zwangsläufig einen der nächsten Nobelpreise bekommen. Kafka war schon lange nicht mehr so lustig.« – Die Welt